本书是作者主持的河南省社科联调研课题（SKL-2021-2584）的拓展和延伸，本书的出版得到了南阳师范学院省级特色骨干学科建设项目、人文地理学重点学科建设项目、地理科学专业省级一流专业建设工程、经济地理学一流课程建设项目（190324）、南阳师范学院博士专项项目（17318）、河南省软科学研究计划项目（202400410085）等的支持。

中部六省的综合性比较及协调发展研究

王书转　吴海平　著

中国农业出版社
北　京

前　言

　　中部崛起战略是指促进中国中部经济区——山西、河南、湖北、湖南、安徽和江西六省共同崛起的一项中央政策，2004年3月5日首先由温家宝总理提出。国家希冀通过实施该战略，使中部六省成为拉动国家经济增长的第四增长极。随着社会和经济的发展，信息化、大数据、全球化、区域经济一体化、区域合作和分工成为影响区域发展的新的时代背景，重庆设立直辖市、《黄河流域生态保护和高质量发展规划纲要》亦为中部六省发展带来了契机，经过十几年建设和发展，中部六省发生了很大变化。今后中部六省如何抢抓发展机遇，搭建起南北方、东西部发展的桥梁是值得思考的问题。2016年国务院批复的《促进中部地区崛起"十三五"规划》指出要将中部地区建设成为"全国重要先进制造业中心、全国新型城镇化重点区、全国现代农业发展核心区、全国生态文明建设示范区、全方位开放重要支撑区"。2017年，党的十九大提出"中国经济由高速增长阶段转向高质量发展阶段"，"高质量发展"首次被提出。2019年，习近平总书记在南昌主持召开推动中部地区崛起工作座谈会。2021年3月30日，中共中央政治局召开会议，审议《关于新时代推动中部地区高质量发展的指导意见》。从以上举措可见，中部崛起战略作为党中央、国务院的重大决策部署，在全国区域发展格局中具有举足轻重的战略地位。基于此，本书在全国及中部六省追求高质量发展的背景下，从经济地理学的视角，综合比较分析中部六省的区域空间结构、产业结构组合情况以及区域经济活力、创新力和竞争力现状，继而在上述分析的基础上提出促进中部区域协调发展的有效措施。希冀本书的研究结果可为推进中部地区改革创新、协调发展和高质量发展起到建言献策的作用。

　　中部地区包括河南、山西、安徽、江西、湖北、湖南六个省份，其国土面积占全国的10.7%，聚集了全国30.07%的人口。很多学者对中部崛起战略进行了研究，如俞肖云等分析了中部六省服务业的发展情况，王彦彭等对中部六省生态文明建设进行了测度和比较分析，更多的学者如周绍森、傅春等对中部六省的经济发展进行了比较和模型评价，南昌大学中国中部经济社会发展研究中心、陈元等则研究了促进中部地区崛起的思路与对策等，但鲜有对中部地区空间结构以及乡村振兴潜力进行研究的。我国著名经济地理学家李小建认为，区域结构包括区域经济结构和区域空间结构，其中，区域空间结构是区域经济结构在地理空间上的反映。中部地区在空间结构上存在多中心格局，致使同质竞争明显；同时，又因其东部、北部、南部分别临接我国区域发展较快的长三角地区、京津冀地区、珠三角地区，故导致中部各省与周围发展较好区域联系较多，未能体现中部的整合优势。区域空间结构调整可以很好地解决该问题，因此，本书第一篇即对中部六省的区域空间结构和产业结构进行了分析，研究目的是从中部六省各中心城市地理位置的视角寻找更加有利于中部六省发展的空间结构组合关系，并从产业演进视角分析中部六省产业结构发展情况，这是本书有别于其他著述的不同之处。第二篇针对中部六省的高质量发展潜力进行分析，分别就经济实力、国民素质、基础设施、科技竞争力、经济管理水平、涉外能力水平、乡村振兴潜力等方面逐一比较分析，本篇中，与其他研究相同的是都基于一定的指标评价了中部六省的区域高质量发展潜力现状，不同的是指标的选取和评价体系以及采用的模型有所差异，本篇与其他著述最大的不同是将乡村振兴的潜力作为区域高质量发展的一个重要指标进行研究。第三篇针对上篇和中篇分析中存在的问题，明确未来中部六省可以进行分工与合作的方向，探讨调控区域差异、引导区域协调发展的措施。

本书中，南阳师范学院王书转老师负责全书的策划和框架设计以及第一篇、第二篇各章节内容的撰写，吴海平老师负责第三篇内容的撰写，鲁丰先老师在初稿的基础上对全书的框架和内容进行了优化，并负责全书的统稿工作。在这里，向对本书的出版给予支持和帮助的学院领导和同事表示真诚的感谢！对为本书的出版提供宝贵意见的中国农业出版社编辑老师，表示深深的感谢！

本书的撰写参考了一些经典著作和部分专家学者的研究成果，书中均采用脚注、参考文献等形式进行了标注，在此深表感谢，如有遗漏之处，还望海涵。

　　由于时间、精力和能力所限，一些观点和内容还有待进一步深入探讨和完善，对于本书的局限与不足只能留待今后补充与修正，敬请各位专家、读者批评指正。

著　者

2022 年 12 月

目　　录

第三篇　中部六省协调发展研究

第一篇　中部六省区域结构分析

1 中部六省区域空间结构分析

1.1 区域空间结构概述

区域结构包括区域空间结构和区域经济结构，其中，区域空间结构是区域经济结构在地理空间上的反映（李小建，2018）。系统论认为，功能是由结构决定的，由此可见区域空间结构在区域经济发展中的作用。区域空间结构可以把分散的地理空间相关要素组织起来，形成特定的经济活动过程，各种经济活动相互联系、相互配合，克服地理空间对经济活动的约束，从而降低成本，提高效益。区域空间结构并不是指单纯的空间构架，它具有特殊的经济意义，可以产生特有的经济效益，比如①节约成本：通过选择合适区位、合理配置资源和要素而节约生产成本、管理成本等；②共享收益：通过相关经济活动在空间上的合理组合而在市场、技术、公共服务设施、劳动力、产品和资源等方面共享所产生的收益；③规模效应：由于区位优势和集聚效应，致使生产活动规模扩大从而产生收益。

1.2 区域空间结构组成要素

一般地，区域空间结构由点、线、网络和域面四个基本要素所组成。点：某种经济活动在地理空间上集聚而形成的点状分布状态。如商业点、工业点、服务点。点是区域经济的中心，有规模等级之分。线：某种经济活动在地理空间上所呈现出的线状分布形态。如交通线、能源供给线、城镇呈线状分布所组成的轴线。网络：由相关的点和线相互连接所形成的。可分为单一性网络（由单一性质的点与线组成，如交通网、通信网）和综合性网络（由不同性质的点与线组成）。域面：由区域内某些经济活动在地理空间上所表现出的面状分布状态。如各种经济区、商业区等。曾菊新（1996）认为点、线、域面之间可以有 7 种组合模式（表 1-1-1）。

表 1-1-1　区域空间结构要素的组合模式

组合模式	表现形态
点—点	表现为块状城镇群和条状城镇带等
点—线	表现为交通、工业等经济枢纽系统
点—面	表现为城市经济区、城镇聚集区等
线—线	表现为通信网络设施、交通网络设施等
线—面	表现为区域产业系统等
面—面	表现为经济地带、经济区等宏观经济地域系统
点—线—面	表现为空间一体化系统

资料来源：曾菊新. 空间经济：系统与结构［M］. 武汉：武汉出版社，1996。

1.3　区域空间结构模式

1.3.1　极核式空间结构

各区域的资源禀赋、区位条件各不相同，一些区位条件相对好的地方成为有集聚需求的经济部门的发展场所，由此形成了区域空间结构中的点。个别点如果遇到了良好的发展机遇则会异军突起，进一步发展成为区域的增长极。区域增长极可以通过支配效应、乘数效应、极化效应和扩散效应对周边区域产生影响。早期，以极化效应为主，由于增长极的区位条件优于其他地方，对区域的要素和资源的吸引力也大，致使这些要素向增长极集聚，从而对其他地方的经济和社会发展产生主导作用。

1.3.2　双核型空间结构

我国学者陆玉麟（1998，2002，2004）在极核式空间结构的基础上提出了双核型空间结构。他认为在某一区域中，由区域中心城市和港口城市及其连线组成双核型空间结构。区域中心城市集政治、经济、文化于一体，多以省会城市为主；港口城市则承担着区域中心城市的门户功能。由此可见，该种结构多存在于沿江地区和沿海地区。如武汉和上海、南昌和九江等都是双核型空间结构的体现。

1.3.3　点轴式空间结构

点轴式空间结构是在极核式空间结构的基础上发展起来的。增长极在发展过程中会对周围的点产生带动作用：①增长极从周围的点中获取发展所需的要素和资源，从而激发这些点所蕴藏的经济增长潜力；②增长极在自身市场发展过程时也会给周围的点带去发展所需的生产技术和生产资料以及新的信息、观念等，由此提高了周围点的发展能力，增加了它们的发展机会；③随着经济联系的进一步增强，增长极与周围点的经济交流和社会联系日益密切，最终带动和促进这些点的发展。为了进一步发展，区域内部就会建设各种交通线路、动力供给线路、通信线路等。由此使得区域的要素和资源不仅向增长极及相关点集聚，也开始向沿线地区集中，沿线地区就发展成为区域发展所依托的轴线。这些增长极、轴线、轴线上的点不断向外进行经济和社会扩散，由此形成了不同等级、分布有序的点轴空间结构。我国著名经济地理学家陆大道院士提出的我国 T 形发展战略即点轴式空间结构的应用。

1.3.4　网络式空间结构

点轴式空间结构进一步发展即形成网络式空间结构。随着点轴系统中不同等级的点、轴之间的联系加强，点与点、轴与轴、点与轴之间会不断地发生联系，相应地，就会建立多路径的联系通道，从而形成纵横交错的联系网络，联系网络扩大了资源和要素的传输范围，构成了区域的网络式空间结构。依托网络式空间结构，区域可以充分利用区域内分散的生产要素，通过一定的组织和管理，即可形成一个具有不同层次、功能各异、分工合作的区域经济系统。

1.3.5　中心地理论——六边形结构

中心地理论又称城市区位论，是由德国地理学家克里斯塔勒提出的，它是研究城市地域结构的核心理论，该理论试图探索"城市的数量、规模以及分布存在的规律"。这里的中心地指的是能够向周围区域的消费者提供商品和服务的地点，它可以是城市，也可以是乡镇、居民点、商业服务网点等，中心地具有等级性，且各等级的城市与其职能是相对应的。

（1）市场原则下中心地六边形结构的形成

克里斯塔勒认为城市的空间分布形态受市场、交通和行政三大因素的制约，市场是最基础的影响因素。他在构建中心地系统的时候基于了以下假设前提：1）中心地位于均质平原上，人口均匀分布，居民的收入、需求和消费方式都相同。2）同一规模的所有城市，其交通便利程度一致。运费与距离成正比。3）消费者购买商品都选择离自己最近的中心地，即就近购买，以减少交通费。4）相同的商品和服务在任何一个中心地的价格和质量都相同。消费者购买商品和服务的实际价格等于销售价格加上交通费，交通费与距离成正比。5）供给中心商品的职能，尽量布局于少数的中心地，并且满足供给所有的空间（所有居民）的配置形式。6）中心地职能在同一中心地集聚。

在上述假设前提下，以单一商品为例，在市场因素的影响下，一个中心地的初始市场区域是围绕中心地的最大销售距离所形成的圆（图1-1-1），随后，越来越多的这样的中心地在区域上布局，直至圆形市场区相切，为了更充分地利用市场区域，克利斯泰勒认为相切的圆形市场区可以进一步重叠，重叠区域可以由临近的两个中心地均分，由此，中心的市场区域由圆形

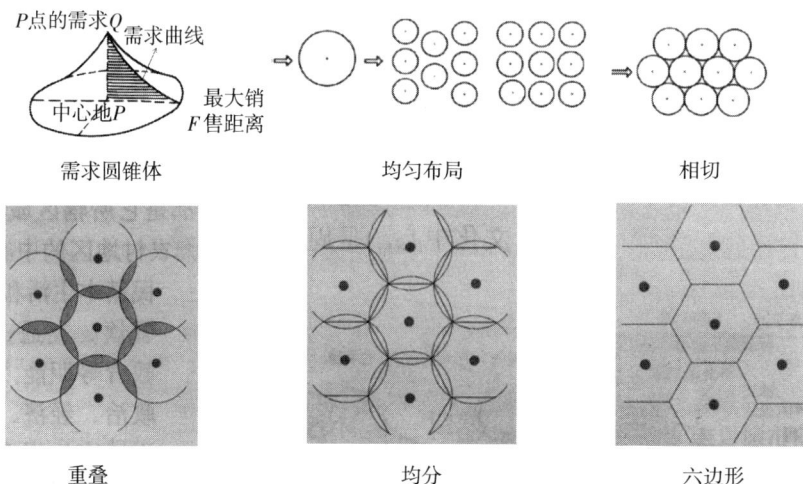

需求圆锥体　　　　　　　均匀布局　　　　　　　相切

重叠　　　　　　　　　均分　　　　　　　　六边形

图1-1-1　单一商品下中心地理论六边形结构的形成

变为了六边形结构。六边形结构是该理论里出现的经典结构，之所以选择六边形结构，克利斯泰勒认为，从数学角度看，六边形是仅次于圆而又能够完全填充空间的最优结构，其面积比圆小约 10％，可满足较大的市场区域，而且市场区域间还不会重叠，也不会像圆那样出现三个相切圆之间留有空白的情况，也即该结构可以充分地利用市场区域。现实中，由于地形、人口密度等因素的影响，正六边形往往变形为不规则的六边形。

（2）多种商品下中心地空间模型的形成

上述分析是单一商品下的中心地结构，现实生活中，一个中心地不可能只提供一种商品，假设高级中心地可以提供另外一种低一等级的商品（图 1-1-2a 中小圆所示），它的初始市场区域亦为圆形，此时，高一等级和低一等级中心地的圆环部分（图 1-1-2a 中阴影部分）将得不到低一等级中心地的服务，此时需要布局低一等级中心地。克里斯塔勒认为市场原则下低一等级中心地布局在三个高一等级中心地 G 构成的三角形的重心处，如图 1-1-2b 中 B 点所示，这些低一等级的中心地也会进一步均匀布局，随

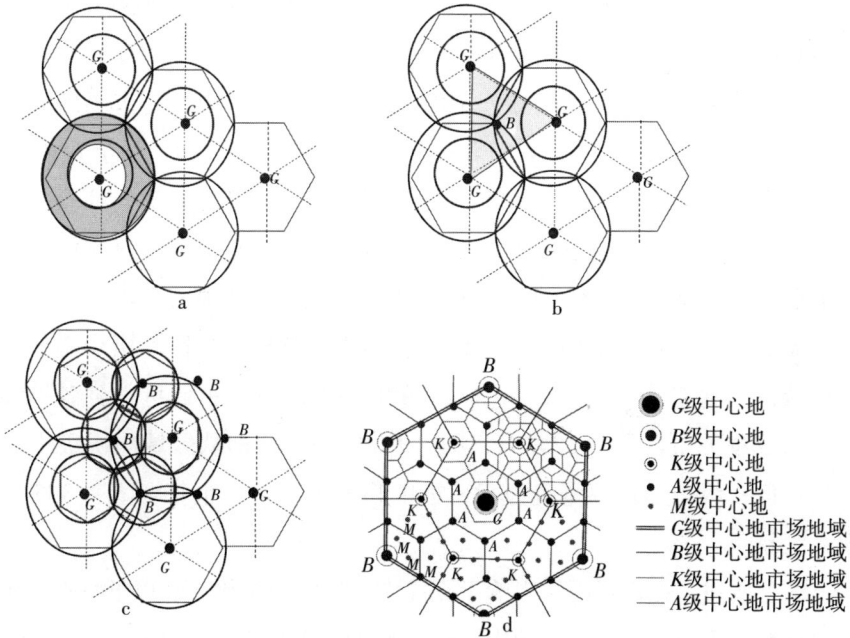

图 1-1-2　多种商品下中心地空间模型的形成

着竞争和发展，会和单一商品下中心地的形成过程一样，由相切到重叠和均分（图1-1-2c），进一步观察发现，低一等级中心地均布局在高一等级中心地的顶点位置（图1-1-2c中点 B 和点 G 的关系），依次类推，在各等级正六边形市场区的顶点布置低一等级的中心地，由此形成了一个相互嵌套的正六边形由大到小、等级由高到低的市场原则下的中心地系统（图1-1-2d），从而实现空间均衡。

(3) 中心地市场区域规模和数量间的规律关系

从图1-1-2d可以看出，中心地的市场区域规模和中心地数量是存在一定规律的。如图1-1-2d所示，一个 G 级中心地的市场区域，包括1个完整的 B 级中心地的市场区域，在其周围还有6个 B 级中心地的市场区域的1/3部分。这样1个 G 级中心地的市场区域等于$1+1/3 \times 6 = 3$个 B 级中心地的市场区域；与此类似，1个 B 级中心地的市场区域包含3个 K 级中心地的市场区域，则3个 B 级中心地包含$3 \times 3 = 9$个 K 级中心地的市场区域，依此类推，可以得出各等级中心地间的市场区域规模关系，即1，3，9，27，81，……。低一等级的中心地的市场区域规模是高一等级中心地的3倍，它们的数字排列关系是按3的倍数在变化，因此在市场原则基础上形成的中心地系统也称为 $K=3$ 的中心地系统。

中心地的数量关系也存在一定的规律关系，结合中心地市场区域规模的数量关系：1，3，9，27，81，……，结合图1-1-2d，一个 G 级中心地的市场区域需要1个 G 级中心地来提供其对应的职能，3个 B 级中心地则需要3个能够提供该职能的中心地，因为高级中心地可以兼有低级中心地的职能，因此，1个 G 级中心地可以兼有1个 B 级中心地的职能，因此还需要$3-1=2$个 B 级中心地即可，同样依次类推，9个 K 级中心地的市场区域范围则需要$9-1-2=6$个 K 级中心地即可，由此可得到各等级中心地的数量关系，即1，2，6，18，54，……。也即从区域内次级中心地开始，低一级中心地数量也为高一级中心地的3倍，也符合 $K=3$ 的中心地系统特点。

综上所述，在市场因素影响下克氏中心地空间结构具有以下特点：①中心地具有等级性，且各等级的中心地与其职能相对应，高级中心地兼有低级中心地的所有职能；②中心地按照一定的规则分布，一般三个中心地构成的三角形的重心是低一级中心地布局的区位点；③各等级间的中心数量、距离和市场区域面积呈几何数变化（$K=3$）。

（4）交通原则下中心地空间模型的变形

市场原则下的中心地空间模型保证了市场范围的最大化，但是却不一定能保证交通上的便利性，如在两个高级中心地间建立一条交通线的话，其他等级的中心地并不能尽可能多得布局在该交通线上，因此，考虑到交通因素的影响，也是为了交通布局的便利，克利斯泰勒认为在交通原则基础上低一等级中心地的布局原则是：低一等级中心地布局在两个比自己高一级的中心地的交通线的中点上（图1-1-3），由此，如果同一级的中心地间铺设一条交通线，那么在这条交通线上布局着比它等级低的所有中心地。在这一条件下，各等级中心地的数量关系将会发生变化。具体表现为：如图1-1-3所示，1个 m 级中心地的市场区域内包含着1个完整的 $m-1$ 级中心地和6个1/2（总数为 $1+6×1/2=4$）的 $m-1$ 级中心地的市场区域，依次类推，各等级中心地的市场区域关系为：1，4，16，64，256，……。因此，在交通原则基础上形成的中心地系统也称为 $K=4$ 的中心地系统。亦如市场原则下的中心地数量关系规律分析，结合上述交通原则下的中心地市场区域关系可以得知，交通原则基础上形成的中心地系统的中心地的数量关系为：1，3，12，48，192，……。也即从区域内次级中心地开始，低一级中心地数量也为高一级中心地的4倍，也符合 $K=4$ 的中心地系统特点。综上所述，交通因素影响下克氏中心地空间结构具有以下特点：①交通因素影响下，低一等级中心地布局在两个比自己高一级的中心地的交通线的中点上；②各等级间的中心数量、距离和市场区域面积呈几何数变化（$K=4$）。

（5）行政原则下中心地空间模型的变形

上述市场原则和交通原则下的中心地空间模型分别保证了市场范围的最大化和交通的便利性，但是却不一定能保证行政区划的完整性，因此，考虑到行政区划的完整性，克利斯泰勒认为行政原则基础上低一等级中心地的布局原则是：低级中心地要从属于一个高级中心地，尽量不把低级行政区域分割开，使它完整地属于一个高级行政区域（图1-1-4）。在这一条件下，各等级中心地的数量关系将会发生变化。具体表现为：如图1-1-4所示，1

个 m 级中心地的市场区域大致包含了 7 个 $m-1$ 级中心地的市场区域，而且，m 级中心地的市场区域内拥有 $m-1$ 级中心地数量为 6 个。因此，各等级的中心地的市场区域数为：1，7，49，343，……，以 7 的倍数增加。因此，在行政原则基础上形成的中心地系统也称作 $K=7$ 的中心地系统。中心地间的数量关系为：1，6，42，294，2 058，……，也即从区域内次级中心地开始，低一级中心地数量也为高一级中心地的 7 倍，也符合 $K=7$ 的中心地系统特点。综上所述，行政因素影响下中心地空间结构具有以下特点：①行政因素影响下，低级中心地要从属于一个高级中心地；②各等级间的中心数量、距离和市场区域面积呈几何数变化（$K=7$）。

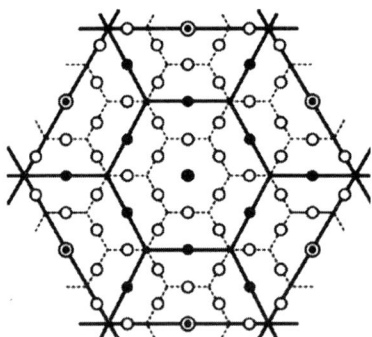

图 1-1-3　交通因素下的六边形结构　　　　图 1-1-4　行政因素下的六边形结构

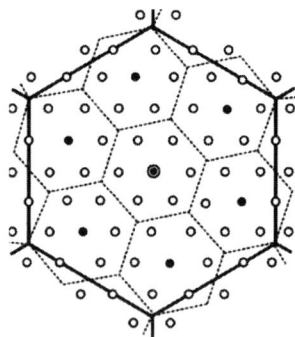

（6）中心地理论的意义、存在的问题及适用条件

1）意义。它推动了地理学由传统的区域定性描述走向对空间规律和法则的定量探讨，作为地理学者，克利斯泰勒首次把演绎的思维方法引入地理学，是地理研究思维方法上的一次创新。通过前面各个空间结构理论的介绍，也可以看出各理论的不同，中心地理论定量描述的特点非常突出。中心地理论可指导实际的区域规划，可按照中心地理论合理布局区域的经济、社会职能及公共服务设施。

2）存在的问题。从现在来看，克里斯塔勒的中心地理论尽管对地理学、区域经济学、区位理论等作出了巨大的贡献，但依然存在不足，较为明显的就是中心地理论中 K 值的固定不变。现实中应用的时候可以根据区域情况灵活对待。另外就是就近购买，这是典型的"经济人"思维，但在现实中，消费者的行为是多目标的，比如，消费者更倾向于在高级中心地进行经济或社会行为活动等，由此可能也会导致高级中心地的市场区域范围扩大，使中心地系统结构发生变形。集聚因素也未在该理论考虑范围之内，消费需求的变化和增加、交通的发展以及人口的移动等所带来的中心地系统的动态变化无法展现，没有论述。

3）适用条件：克里斯塔勒认为，高级中心地适宜按交通原则布局，因为高级中心地对远距离的交通要求高；中级中心地则适宜按行政原则布局；低级中心地的布局适宜用市场原则解释。随着社会经济的发展，尤其像我国在交通建设上的"中国制造"奇迹使得交通的约束作用逐渐变小，地形的阻碍作用也在逐渐变小，由此，越来越和中心地理论的前提假设条件接近，因此中心地理论也逐渐适用于现代区域规划和发展。

1.4　中部六省区域空间结构中存在的问题

（1）对区域行政边界中的交界地带重视不够

传统上的空间结构问题一般多关注的是省内空间规划，几个区域的交界地带往往成为"几不管"地带，这些地带也多被认为成偏远、偏僻地带；另外与省级行政中心距离较远的区域，在交通建设上容易被忽视、被遗忘，由此成了省内交通不便、落后地区。如早期的南阳、赣州、怀化等。

（2）区域结构上的多中心格局问题突出

传统的空间结构较多关注点线、线线、点线面的组合方式，由此多形成了省内的块状城镇群、条状城镇带、交通枢纽、城市经济区、交通重要干线等，比如中部六省里影响较大的围绕各省会增长极所形成的核心圈层，京广、陇海铁路干线，长江经济带等，这样容易造成多中心格局。每个省份都有自己的增长极，都有自己的产业体系，多中心格局会导致产业重复、同质竞争，特色不够鲜明或者互补性不强等问题。

（3）中部整合优势不明显

由于同质竞争、产业重复或者互补性不强等问题的存在，再加上周边又有发展较好地带，中部区域很容易依赖周边发展较快地带，与它们嫁接较多，如山西和京津冀，湖南和珠江三角洲，江西和长江三角洲地区、珠三角联系广泛等，而未能体现中部的整合优势（王中亚，2020；朱俊成，2010）。

1.5 区域空间结构理论在中部六省城市空间结构建设中的应用

1.5.1 中心地理论在中部六省城市空间结构建设中的应用

尽管中心地理论的建模前提条件较为理想，但是随着社会的发展，现在的交通建设在一定程度上已经可以克服地形的影响，使山地也能"如履平地"，有些类似于"均质平原"的假设；物联、物流、电商的发展也使"就近消费"成为可能，因为在全国基本都可以实现三天到达的物流效果，这就和传统上的区域规划有所不同，边界地区已不再是无人问津的"穷乡僻壤"，应充分利用这些区域的每一分土地，做到"地尽所用"。为此，笔者根据克利斯泰勒的中心地理论分析了中部六省的城市空间结构情况，努力探寻适于中部六省城市协调发展建设的方向。

通过将中部六省所在省会城市的行政中心用直线连起来，可以发现：

首先，中部六省的六个省会城市的行政中心并不能构成一个较为规整的六边形结构，其中太原、长沙、南昌和合肥可以构成一个四边形结构，郑州和武汉位于四边形内部。但倘若把地图的范围再扩大一些，则太原、长沙、南昌和合肥加上西安和重庆，或者加上西安和济南，就可以构成一个规整的六边形。六边形结构是中心地理论经典的空间结构形状，它代表了空间上的均衡，与实际结合起来解读则意味着中部六省的发展既要基于自身的发展战略，同时也要扩大中部所包含的范围，比如将西安纳入进来，再积极向外寻求机遇，如通过直辖市重庆来寻找发展机遇，由此，常被称为"中原腹地"的河南省的出海通道、对外开放的通道既可以向东，经由济南，也可以向南，经由武汉、上海，还可以借道直辖市重庆寻求更大的发展机遇。

其次，进一步观察上述所连接的六边形结构，可以发现这个六边形里存在"三心"现象，其中两个中心是郑州和武汉，这也表明中部崛起战略中郑州和武汉的中心引领地位。再结合前述理论部分我国学者陆玉麟所提出的双核型空间结构模式，我们可以大胆地将郑州和武汉发展成中部崛起战略中双核型空间结构的两个中心，双核型空间结构适用于沿江沿河区域，郑州是内陆城市，武汉是沿江城市，为实现这个双核型空间结构，可以给郑州加上一条出海的路线：水运。一般来说，武汉和上海被认为是双核型空间结构的有利组合，现在为了将郑州打造成双核型空间结构的中心，可以将郑州、武汉和上海三核合一，打造郑州运输枢纽上的新高地，形成中国水陆、海陆联运的"三核"新模式。

再次，"三心"现象里还有"一心"，这就是并不为诸多学者所关注的南阳。仔细观察西安、重庆、长沙、南昌、合肥、太原所组成的六边形结构，你会发现南阳基本位于这个六边形结构的中心位置，这表明既可以将南阳打造成交通上的枢纽，也可以将其打造成级别较高的中心地，所以，全国"十四五"规划、河南省"十四五"规划以及重要领导人讲话均表现出对发展南阳的支持，早期国家对南阳的定位是区域性交通枢纽，而如今则是要将其打造成全国综合性交通枢纽，这是由当前开放和合作发展背景下该城市所处结构决定的。另外，南阳也被当成河南省副中心城市来建设，这是体现其较高级别中心地地位的表现。

最后，与南阳的区位优势相似，中部六省地级市里的襄阳（郑州、西安、重庆、长沙、南昌、合肥所在六边形的中心）、怀化（襄阳、重庆、贵阳、南宁、广州、长沙所在六边形的中心）、赣州（南昌、长沙、广州、深圳、厦门、福州所在六边形的中心）同样具有类似的区位优势，并且都已备受关注。叶大年院士早在 2002 年左右就特别指出了怀化和赣州的区位优势。湖南"十三五"规划还将怀化列为湖南省三大经济增长极之一，全面对接成渝城市群，并加快其商贸物流、生态经济发展，使其成为五省边区生态中心城市。2017 年 2 月国务院印发的《"十三五"现代综合交通运输体系发展规划》，将怀化、赣州列为全国性综合交通枢纽、"一带一路"重要节点城市；2018 年，怀化市被纳入商贸服务型国家物流枢纽承载城市。鉴于此，南阳可以借鉴怀化的发展经验，将自身建设成为一个商贸服务型国家物流枢纽承载城市可能是其服务业发展上的一个契机。

就郑州和武汉而言，其也是不同省会城市所组成六边形结构的中心，郑州位于太原、西安、武汉、合肥、济南、石家庄所在六边形的中心位置，而武汉则位于郑州、西安、重庆、长沙、南昌、合肥所在六边形的中心位置。这表明郑州和武汉在中部崛起战略及周边带动中起着核心集聚的作用，今后郑州和武汉除了将自身作为增长极充分利用周边省级区域的优势增强自身的极化效应外，更应加速利用扩散效应带动周边地区的发展。在新的"十四五"规划中，中部六省基本都将大数据、云计算、信息产业等列为新兴产业，如何将这些产业与区域实际的发展相结合成为中部六省今后发展的重点。以河南省为例，河南省在追求高质量发展的时候也应该想想如何将信息和数据应用到日常的生活中。与此同时，河南省在建设郑州这个强大的枢纽的时候，也应该加强它的配套枢纽的建设，比如物流中心、转运中心，利用大数据和云计算为居民提供更为简单、便捷、最短距离的运输通道。河南省与周边地区交界的城市基本都具备区域物流传输的强大潜力，而现代的交通、数据、信息又为此潜力创造了绝佳的实现条件。中部六省应该在物联、物流、信息传输上下功夫，做大做强，真正联通南北、架通东西，让物联和物流犹如我们的"中国速度""中国制造"般创造奇迹。

1.5.2 其他空间结构理论在中部六省城市空间结构建设中的应用

极核式空间结构可以应用于中部六省的每个省会城市，这些省会城市都是本省经济发展的增长极，在中部崛起战略背景下，今后更应发挥这些省会城市的扩散效应，及早尽快带动全省乃至邻省周边地区的发展。

中部崛起战略中的城市可以对双核型空间结构进行大胆的联动尝试，积极探索多核式发展。这种结构适合沿江沿河地区，长江沿线已形成了武汉—上海、南昌—九江、长沙—岳阳的双核带动，前述分析里也已经发现了郑州—武汉—上海的多核联动。那么，中部崛起战略所在城市还可以挖掘哪些联动潜力呢？黄河流域是我国另外一个重点发展的战略区域，中部城市如何与其加强联动是值得思考的问题。从国务院印发的《黄河流域生态保护和高质量发展规划纲要》可以看出，黄河流域的发展战略在于保持重要生态系统的完整性、资源配置的合理性、文化保护传承弘扬的关联性上，较为重视生态建设、文化建设和经济建设，基于此，河南和山西可以在《黄河流域生态保护和高质量发展的规划纲要》指导下，在基础设施互联互通、人工智能、工业互联网、大数据等方面加强合作。

点轴式空间结构也可在中部崛起战略中得到广泛应用。在中部六省中，各省的省会城市都是增长极，也即空间结构中的点，这些点通过陇海铁路、京广铁路、"一带一路"这些空间轴串联了起来，长江沿岸的城市则以长江经济带为轴联通和带动起来。今后，河南省和山西省还可以大胆探索基于以黄河流域为轴的联通和带动。根据《黄河流域生态保护和高质量发展规划纲要》的要求，河南省和山西省可以在生态经济发展、文化产业联动以及高科技产业发展、沿黄乡村振兴示范带打造等方面积极探索，力争能使这些产业成为黄河流域高质量发展的带动轴。

2 中部六省区域产业结构分析

2.1 区域产业结构模式

区域产业结构模式是指区域内各产业之间的内在联系及比例关系的典型形式（李小建，2018）。这里主要介绍区域产业结构模式中的主导产业、关联产业、基础性产业支柱产业和潜导产业。

（1）主导产业

主导产业是区域产业结构的核心，在区域经济发展中具有组织和带动作用，生产规模大，在全国同类产品中占有较高的比重，产品输出率高，与其他产业关联性强。实践中，不同的区域、同一区域不同发展阶段，主导产业可以不同，且主导产业的数量是有限的。

（2）关联产业

关联产业是直接配合和围绕主导产业发展起来的产业，与主导产业在产品投入、产出、技术等方面有联系。以主导产业为核心，依据主导产业产品情况提供前向联系；依据主导产业生产资料的情况提供后向联系；依据主导产业所需技术、能源和其他服务情况提供侧向联系，由此为主导产业发展提供保障。实践中，以主导产业发展为起点，尽量延长产业链条。同一个区域内，要积极发展有条件或有基础的关联产业，没有条件发展的关联产业应该积极寻求区际合作。

（3）基础性产业

基础性产业是可为区域经济、社会发展和人民生活提供公共服务的产业，是主导产业和关联产业发展的重要保障。基础性产业按作用性质可分为生产性基础产业、社会性基础产业、生活性基础产业。实践中，基础性产业种类多、构成复杂，它可以根据市场的需求变化合理发展，受市场机制的调节，从区域长远发展来看，要积极鼓励和保护基础性产业的发展。

（4）支柱产业

支柱产业在区域经济增长中对总量扩张影响大，所占比重也较高，但在全国的同类产业中所占比重却较小，与其他区域的同类产业相比并不具备发展的优势，产品输出率低，关联效应小，带动作用弱，不能发挥区际分工的作用。实践中，支柱产业对于区域经济增长贡献较大，因此，要给予支柱产业必要的支持和保护，同时，要坚持培育和改善，使其能够保持长久的生命力。

（5）潜导产业

尽管潜导产业当前规模较小，对区域经济增长影响有限，但是它代表了未来产业进步的方向，发展潜力大，前景广阔。实践中，在构建区域产业结构时，必须综合考虑世界技术进步的大趋势、全国经济发展的总体走向以及本区域的实际经济发展状况与条件，选择和培育有巨大发展前景的新兴产业作为潜导产业，同时加大技术引进、人才培养、资金供给等方面的扶植力度，创造条件促使其逐步发育、壮大。

2.2　中部六省区域产业结构

众多文献以主导产业、关联产业和基础性产业、支柱产业、潜导产业所构建的区域产业结构分析较少，当前也缺乏定量的、统一的指标进行划分，极少省份分类比较明确，大多省份分类比较模糊，各省在产业结构分类方面存在的问题主要是主导产业、支柱产业、潜导产业界定模糊等，共性问题是如何根据各省主导产业、支柱产业和潜导产业布局关联产业和基础性产业。在此主要参考各省"十四五"规划相关文件对各产业进行分析描述，以产业集群的规模作为产业划分标准，将万亿级产业群定为主导产业、万亿之下千亿之上定为支柱产业，潜导产业则为规划中的新兴产业和未来产业。

2.2.1　中部六省产业结构划分

依据中部六省各省"十四五"规划、制造业高质量发展规划，同时参考各省统计年鉴，将中部六省的产业结构进行划分，结果如表1－2-1。

表 1 - 2 - 1 中部六省产业结构划分

产业	河南省	湖北省	湖南省	安徽省	江西省	山西省
主导产业	装备制造	新一代信息技术（"光芯屏端网"）	工程机械	特色新材料	有色金属	特种金属材料
	绿色食品	汽车制造	轨道交通	航空航天装备	石化	新一代电子信息制造
	电子制造	现代化工及能源	航空动力	医药及医疗器械	建材	新型化工材料
	先进金属材料	大健康（生物医药）		量子信息	纺织服装	高端装备制造
	新型建材	现代农产品加工		先进核能	钢铁	新能源
	现代轻纺			类脑智能	食品	生物基新材料
支柱产业	新一代信息技术	高端装备	电子信息	特种钢和精品钢材	航空	煤炭
	高端装备	先进材料	先进材料	优质有色金属	电子信息	冶金
	新材料	节能环保	智能和新能源汽车	绿色和精细化工	装备制造	炼焦
	现代医药	现代纺织	生物轻纺	节能新型建材	中医药	电力
	新能源及智能网联汽车	绿色建材	智能装备	高端装备	新能源	煤化工
	新能源	低碳冶金		现代时尚轻纺	新材料	机械装备
	节能环保	现代金融		健康食品	新一代信息技术	材料工业
		现代物流				食品工业
		研发设计和科技服务				新能源
		商务服务				氢能
						风电装备
						铝镁精深加工
						现代医药
						合成生物

（续）

产业	河南省	湖北省	湖南省	安徽省	江西省	山西省
潜导产业	氢能与储能	新能源与智能网联汽车	新一代半导体	集成电路	氢能及装备	信息技术应用创新
	量子信息	新能源	生物技术	新型显示	生命健康	半导体
	类脑智能	北斗及应用	绿色环保	人工智能及软件	柔性电子	大数据融合创新
	未来网络	航空航天	新能源	智能家电（居）	微纳光学	光电
	生命健康	高技术船舶与海洋工程装备	高端装备	新能源汽车	量子科技	光伏
	前沿新材料	高端数控装备	量子信息	机器人		碳基新材料
		轨道交通装备	6G技术	光伏		特种金属材料
		智能制造装备	类脑智能	智能终端		生物基新材料
		智能家电	氢能核能利用	量子科技		先进轨道交通装备
		安全应急	合成生物	先进核能		煤机智能制造装备
		光通信及激光	低维材料	生物制造		智能网联新能源汽车
		集成电路	超材料			通用航空
		新型显示	深海深地深空			现代生物医药和大健康
		智能终端				节能环保
		信息网络				
		软件及信息服务				
		人工智能				
		电子信息材料				
		生物医药及医疗器械				

（续）

产业	河南省	湖北省	湖南省	安徽省	江西省	山西省
潜导产业		数字创意				
		量子信息				
		下一代网络				
		精准医疗				
		脑科学与类脑				
		液态金属				

2.2.2 中部六省产业专业化程度的比较分析

为了度量产业结构专业化程度，在此采用区位商的概念和方法。区位商是指一个区域特定产业的产值占该区域总产值的比重与全国该特定产业产值占全国总产值比重之间的比值，即以全国产业结构的均值作为参照系数来判定区域产业的专业化水平和比较优势状况。计算公式为

$$Q_{ij} = \frac{E_{ij}/E_i}{F_j/F} \qquad (1)$$

其中，Q_{ij} 为 i 地区 j 产业的区位商，E_{ij} 为 i 地区 j 产业的产值（增加值），E_i 为 i 地区的总产值，F_j 为全国 j 产业的总产值，F 为全国总产值。一般来说，$Q_{ij} > 1$，表明该地区某产业或部门的专业化程度超过全国平均水平，在全国同行业竞争中具有一定的优势；反之，$Q_{ij} < 1$，说明该地区某产业或部门的专业化水平低于全国平均水平，在全国同行业竞争中不具有优势；$Q_{ij} = 1$，表明该地区某产业或部门的专业化水平与全国平均水平相当，产品基本自给自足。Q_{ij} 值越大，产业化水平越高，产品输出越多。

2.2.2.1 中部六省制造业的区位商比较分析

从表 1-2-1 可以看出，中部六省各省产业结构中制造业占比较高，制造业已成为大多数地区经济发展的支撑，所以，在此首先分析比较了制造业的产值情况。数据来自于各省统计年鉴中 2021 年的统计数据，指标为区域的制造业产值、工业总产值和区位商。中部六省制造业的专业化水平情况表表 1-2-2 所示。

表 1-2-2 2021 年中部六省制造业区位商

项目	工业总产值（亿元）	制造业产值（亿元）	区位商
河南省	58 079.97	44 499.13	1.022
湖北省	42 767.04	39 886.07	1.244
湖南省	34 562.87	28 524.98	1.100
安徽省	50 052.26	41 053.21	1.094
江西省	30 357.9	27 913.6	1.226
山西省	57 084.4	18 363.1	0.429
全　国	1 466 716.3	1 103 777.9	1

从表 1-2-2 可以看出，中部六省除山西省外，其他各省制造业产业专业化水平均高于全国平均，具有一定的比较优势，其中湖北省的制造业区位商最高（1.244），其次是江西省（1.226），湖南省位居第三，安徽省第四，河南省第五，上述五省区位商均大于 1，表明制造业的专业化水平高于全国平均值，具有一定的竞争优势。中部六省中山西省最低，仅为 0.429，区位商低于 1，表明其制造业的专业化水平低于全国平均值，在全国同行业中不具有竞争优势。

2.2.2.2　中部六省工业分行业区位商的比较分析

在分析制造业区位商的基础上，进一步比较分析工业分行业的区位商情况，由此可以分析中部地区产业趋同和差异情况以及产业分工协作可能，这也是产业结构分析的重点。根据测算结果可以找出中部各省的优势行业，并以此作为中部各省主要行业分工合作和实现产业梯度转移的依据，优化中部工业结构。各行业数据选用的是各省 2021 年行业资产总值，数据来源于各省和全国 2022 年统计年鉴。具体数据见表 1-2-3

表 1-2-3 中部六省工业分行业区位商

行业	河南省	湖北省	湖南省	安徽省	江西省	山西省
煤炭开采和洗选业	1.081	0.001	0.109	1.058	0.068	11.144
石油和天然气开采业	0.361	0.038	—	0.612	—	0.805
黑色金属矿采选业	0.235	0.289	0.135	0.221	0.219	0.974
有色金属矿采选业	1.655	0.168	1.595	3.413	2.074	0.312
非金属矿采选业	3.050	2.192	1.467	—	3.566	0.113

（续）

行业	河南省	湖北省	湖南省	安徽省	江西省	山西省
其他采矿业	—	30.507	—	—	—	—
农副食品加工业	1.929	3.591	1.833	1.076	1.954	0.174
食品制造业	1.784	1.556	1.523	0.677	0.704	0.220
酒、饮料和精制茶制造业	0.752	1.487	0.987	1.210	0.652	0.491
烟草制品业	1.053	2.099	3.475	0.887	0.769	0.117
纺织业	1.132	3.359	0.670	0.899	0.917	0.045
纺织服装、服饰业	1.344	1.986	0.860	0.698	1.465	0.055
皮革、毛皮等及其制品和制鞋业	2.270	1.041	1.343	1.158	2.081	0.001
木材加工和木、竹、藤等制品业	1.597	2.242	1.392	1.199	1.468	0.028
家具制造业	1.159	0.877	0.609	0.873	2.317	0.020
造纸和纸制品业	0.668	1.047	1.188	1.037	1.074	0.088
印刷和记录媒介复制业	0.825	2.706	1.191	1.349	1.275	0.097
文教、工美、体育等用品制造业	2.047	1.859	0.746	0.726	1.603	0.039
石油加工、炼焦和核燃料加工业	0.663	0.368	0.355	0.242	0.385	2.164
化学原料和化学制品制造业	1.128	1.308	0.684	0.982	0.811	0.547
医药制造业	0.774	0.975	0.791	0.771	1.473	0.306
化学纤维制造业	1.004	0.131	0.267	0.407	0.698	0.006
橡胶和塑料制品业	0.652	1.181	0.522	1.499	0.808	0.099
非金属矿物制品业	1.721	1.458	1.564	2.115	1.679	0.528
黑色金属冶炼和压延加工业	0.857	0.905	0.611	0.730	0.911	1.359
有色金属冶炼和压延加工业	2.478	0.671	1.210	0.970	3.242	0.645
金属制品业	0.805	1.302	0.965	0.993	0.751	0.360
通用设备制造业	0.900	0.786	2.511	1.068	0.550	0.153
专用设备制造业	1.177	0.866	1.808	0.819	0.590	0.474
汽车制造业	0.553	2.636	0.834	1.169	0.796	0.137
铁路、船舶、航空航天和其他运输设备制造业	0.370	0.623	1.911	0.281	0.206	0.312
电气机械和器材制造业	0.634	0.702	0.808	1.515	1.552	0.125
计算机、通信和其他电子设备制造业	0.743	0.579	0.921	1.282	1.148	0.235
仪器仪表制造业	0.855	0.708	0.728	0.574	6.686	0.146
其他制造业	1.447	0.854	0.915	0.873	0.653	1.518

（续）

行业	河南省	湖北省	湖南省	安徽省	江西省	山西省
废弃资源综合利用业	0.810	3.653	1.634	1.979	4.032	1.134
金属制品、机械和设备修理业	0.578	1.395	0.140	1.831	0.126	0.648
电力、热力生产和供应业	0.887	0.336	0.914	0.615	0.698	0.821
燃气生产和供应业	1.367	0.376	0.569	0.751	0.601	1.516
水的生产和供应业	0.867	0.138	1.337	0.638	1.002	0.249

注：一代表统计年鉴中无对应数据，以下表同。

（1）河南省的产业优势

河南省工业分行业区位商大于 3 的行业仅有 1 个，为非金属矿采选业，区位商最高，为 3.050。河南省工业分行业区位商大于 2 小于 3 的行业依次为有色金属冶炼和压延加工业，皮革、毛皮等及其制品和制鞋业，文教、工美、体育等用品制造业；区位商大于 1 小于 2 的行业依次为农副食品加工业，食品制造业，非金属矿物制品业，有色金属矿采选业，木材加工和木、竹、藤等制品业，其他制造业，燃气生产和供应业，纺织服装、服饰业，专用设备制造业，家具制造业，纺织业，化学原料和化学制品制造业，煤炭开采和洗选业，烟草制品业，化学纤维制造业。参考《河南省国民经济和社会发展第十四个五年规划和二〇三五年远景目标纲要》，河南省的主导产业（表 1-2-1）为装备制造、绿色食品、电子制造、先进金属材料、新型建材、现代轻纺六个产业，结合行业优势的分析可以看出，绿色食品、现代轻纺确实是河南省具有比较优势的产业，有关食品和纺织的行业区位商均大于 1。河南省的装备制造中比较有名的是宇通汽车制造，但是就汽车制造业而言，区位商仅为 0.553，并不具有比较优势；还有在电子制造行业中，计算机、通信和其他电子设备制造业的区位商为 0.743，和全国平均水平相比，也不具有比较优势。其他两个产业：先进金属材料和新型建材的区位商在工业分行业中体现不明显。

（2）湖北省的产业优势

湖北省工业分行业区位商大于 3 的行业依次为其他采矿业、废弃资源综合利用业、农副食品加工业和纺织业，其中其他采矿业区位商为 30.507，在中部六省各工业分行业中具有最高的区位商，其次是废弃资源综合利用业，其区位商为 3.653，也具有较高的比较优势；湖北省行业区位商大于 2 小于 3 的行业依次为印刷和记录媒介复制业，汽车制造业，木材加工和木、竹、藤等制品业，非金属矿采选业和烟草制品业；湖北省行业区位商大于 1 小于 2 的行业依次为纺织服装、服饰业，文教、工美、体育等用品制造业，食品制造业，酒、饮料和精制茶制造业，非金属矿物制品业，金属制品、机械和设备修理业，化学原料和化学制品制造业，金属制品业，橡胶和塑料制品业，造纸和纸制品业和皮革、毛皮等及其制品和制鞋业。《湖北省第十四个五年规划和二〇三五年远景目标纲要》中指出湖北省的主导产业（表 1-2-1）为新一代信息技术（"光芯屏端网"）、汽车制造、现代化工及能源、大健康（生物医药）和现代农产品加工。结合行业优势的分析可以看出，汽车制造、现代农产品加工、现代化工及能源比较优势突出，其他产业优势体现不明显，医药制造业的区位商为 0.975，略低于全国平均水平；计算机、通信和其他电子设备制造业区位商为 0.579，水平较低。

（3）湖南省的产业优势

湖南省工业分行业区位商大于 3 的行业有 1 个，为烟草制品业，区位商为 3.475。湖南省工业分行业区位商大于 2 小于 3 的行业有 1 个，为通用设备制造业，区位商为 2.511；湖南省工业分行业区位商大于 1 小于 2 的行业依次为铁路、船舶、航空航天和其他运输设备制造业，农副食品加工业，专用设备制造业，废弃资源综合利用业，有色金属矿采选业，非金属矿物制品业，食品制造业，非金属矿采选业，木材加工和木、竹、藤等制品业，皮革、毛皮等及其制品和制鞋业，水的生产和供应业，有色金属冶炼和压延加工业，印刷和记录媒介复制业，造纸和纸制品业。《湖南省第十四个五年规划和二〇三五年远景目标纲要》指出湖南省的主导产业（表 1-2-1）为工程机械、轨道交通、航空动力，这 3 个产业相关行业区位商均具有比较优势。支柱产业有电子信息、先进材料、智能和新能源汽车、生物轻纺、智能装备，这几个产业有关行业区位商体现不明显，电子设备制造有关行业区位商为 0.921，略低于全国平均水平。从区位商结果可以看出，湖南省采矿业区位商位于最后，不具有优势。

（4）安徽省的产业优势

安徽省工业分行业区位商大于 3 的行业有 1 个，为有色金属矿采选业，区位商为 3.413。安徽省工业分行业区位商大于 2 小于 3 的行业有 1 个，为非金属矿物制品业，区位商为 2.115；安徽省行业区位商大于 1 小于 2 的行业依次为废弃资源综合利用业，金属制品、机械和设备修理业，电气机械和器材制造业，橡胶和塑料制品业，印刷和记录媒介复制业，计算机、通信和其他电子设备制造业，酒、饮料和精制茶制造业，木材加工和木、竹、藤等制品业，汽车制造业，皮革、毛皮等及其制品和制鞋业，农副食品加工业，通用设备制造业，煤炭开采和洗选业，造纸和纸制品业。《安徽省第十四个五年规划和二〇三五年远景目标纲要》指出安徽省的主导产业（表 1-2-1）为特色新材料、航空航天装备、医药及医疗器械、量子信息、先进核能、类脑智能。安徽省的电子设备制造业有关区位商较高，为 1.282，具有比较优势，这一行业优势较有利于相关产业的发展。其他产业在行业优势中体现不明显。支柱产业有特种钢和精品钢材、优质有色金属、绿色和精细化工、节能新型建材、高端装备、现代时尚轻纺、健康食品。支柱产业的设置和行业区位商融合较高。比如有色金属矿采选业，区位商最高；非金属矿物制品业以及农副食品加工业等的区位商都高于 1；和纺织业、医药制造业、食品制造业有关行业的区位商均小于 1，分别为 0.899、0.771 和 0.677，均低于全国平均水平。

(5) 江西省的产业优势

江西省工业分行业区位商大于 3 的行业有 4 个，依次为仪器仪表制造业、废弃资源综合利用业、非金属矿采选业、有色金属冶炼和压延加工业，仪器仪表制造业区位商最高，为 6.686，其次是废弃资源综合利用业，区位商为 4.032。江西省工业分行业区位商大于 2 小于 3 的行业有 3 个，为家具制造业，皮革、毛皮等及其制品和制鞋业，有色金属矿采选业；江西省工业分行业区位商大于 1 小于 2 的行业依次为农副食品加工业，非金属矿物制品业，文教、工美、体育等用品制造业，电气机械和器材制造业，医药制造业，木材加工和木、竹、藤等制品业，纺织服装、服饰业，印刷和记录媒介复制业，计算机、通信和其他电子设备制造业，造纸和纸制品业，水的生产和供应业。《江西省第十四个五年规划和二〇三五年远景目标纲要》指出江西省的主导产业（表 1-2-1）为有色金属、石化、建材、纺织服装、钢铁、食品，这 6 个产业相关行业区位商均具有一定的比较优势。支柱产业有航空、电子信息、装备制造、中医药、新能源、新材料、新一代信息技术，这几个产业中具有较高区位商的有关行业为农副食品加工业，非金属矿物制品业，电气机械和器材制造业，医药制造业，纺织服装、服饰业，计算机、通信和其他电子设备制造业，产业和行业优势较为融合；和航空有关的行业区位商较低，为 0.206，不具有优势。在中医药产业上江西省定位非常明确，涵盖中药加工、中药材种植、中医药健康服务、中药制药装备、中药制药关键技术、中医医疗设备等方面，力争建设建设全国领先、世界一流中医药强省。

（6）山西省的产业优势

山西省工业分行业区位商大于 3 的行业有 1 个，为煤炭开采和洗选业，区位商最高，为 11.144，在中部六省各工业分行业中位居第 2，这也体现了山西省是煤炭资源大省的特色。山西省工业分行业区位商大于 2 小于 3 的行业有 1 个，为石油加工、炼焦和核燃料加工业，同样体现了山西省的资源特色；山西省工业分行业区位商大于 1 小于 2 的行业依次为其他制造业、燃气生产和供应业 、黑色金属冶炼和压延加工业、废弃资源综合利用业。《山西省第十四个五年规划和二〇三五年远景目标纲要》指出山西省的主导产业（表 1-2-1）为特种金属材料、新一代电子信息制造、新型化工材料、高端装备制造、新能源、生物基新材料，这 6 个产业相关行业区位商优势均不明显。支柱产业有煤炭、冶金、炼焦、电力、煤化工、机械装备、材料工业、食品工业等。支柱产业中的传统产业和行业优势融合较好。食品制造业的区位商为 0.220，不具有优势。

上述行业为统计年鉴中列举的行业，种类有限，且大多为传统行业，计算结果在一定程度上能表现出区域产业结构和行业的优势融合情况，但不能体现最新的和前沿的行业信息，因此，结果具有一定的局限性，但是分析方法可以借鉴，如果有更多的行业数据，则通过该分析方法就可以得出更加全面的分析结果。

2.2.3 中部六省产业内部结构比较分析

（1）工业规模结构

2021 年中部六省各省规模以上工业增加值从高到低依次为河南省 18 785.3 亿元、湖北省 15 693.9 亿元、湖南省 14 162.3 亿元、安徽省 13 081.7 亿元、江西省 10 773.4 亿元、山西省 10 159.3 亿元，河南省最高，湖北省次之，山西省最低。2021年大中型工业企业指标显示，该类企业个数从高到低分别为河南省2 681个、湖南省1 682个、湖北省1 648个、安徽省1 479个、江西省1 349个、山西省1 221个，河南省最高，湖南省次之，山西省最低。大中型企业营业收入从高到低分别为河南省38 763.6亿元、湖北省27 179.8亿元、安徽省26 491.1亿元、山西省24 775.1亿元、湖南省20 671.3亿元、江西省20 594.4亿元，河南省和湖北省分别居第一和第二的位置，江西省最低。和北京、广东相比，差距较大，北京市大中型企业个数虽然只有522个，但营业收入却达23 825.2亿元；广东省大中型企业数8 354个，营业收入达117 225.3亿元。由此可见，中部六省工业企业组织结构存在"小而散"的问题，行业内企业规模不经济，行业聚集效果不明显，生产要素的聚集度低。今后需要多管齐下提升工业经济总量，加大投资力度，调整产品结构，增加产品的科技含量和附加值，增强工业综合竞争力。

（2）行业固定资产投资情况

行业固定资产投资增速在一定程度上可以代表区域在产业上的投入情况，中部各省2021年固定资产投资增速情况有所差异（表1-2-4）。

河南省在公共管理、社会保障和社会组织行业上投资增速最高，达68.3%，全国增速为－38.2%；其次是住宿和餐饮业，增速为24.7%，高于全国值6.6%；然后是制造业，增速为12.7%，低于全国增速13.5%。固定资产投资负增长行业降速由低到高依次为居民服务、管理和其他服务业，农、林、牧、渔业，批发和零售业，信息传输软件和信息技术服务业，金融业；全国农、林、牧、渔业和金融业为正增长，其他几个行业为负增长。和河南省主导产业对照发现，河南省在制造业上的投资有利于装备制造这一主导产业的发展，公共管理、社会保障和社会组织行业的高投资有利于河南省基础性产业的发展，但是信息传输软件和信息技术服务业的负增长并不利于该省电子制造、信息技术等产业的发展。

湖北省除金融业为负增长外，其他行业均为正增长，其中建筑业增速最高，达163.5%，其他行业增速大都高于全国增速，比较重视教育、商务服务、科研和技术、制造业、信息技术和服务管理行业等，从湖北省的行业投资来看，是比较有利于其产业发展的。

湖南省在金融业、信息传输软件和信息技术服务业、制造业三个行业上固定资产投资增速最高，分别达 39.1％、28.5％、17.5％，且均高于全国增速，较为有利于该省产业发展。采矿业，卫生和社会工作，电力、热力、燃气及水生产和供应业，公共管理、社会保障和社会组织，居民服务、管理和其他服务业，批发和零售业，建筑业固定资产增速为负，由此可以看出，湖南省需要在基础性产业上加大投资。

安徽省除公共管理、社会保障和社会组织为负增长外，其他行业均为正增长，其中卫生和社会工作、信息传输软件和信息技术服务业增速较高，分别达 62.4％和 46.5％，行业增速大都高于全国增速，比较重视教育、商务服务、科研和技术、制造业、信息技术和居民服务管理行业，安徽省的行业投资也是比较有利于其产业发展的，但今后需重视公共管理、社会保障和社会组织方面的投资，加强基础性产业的投资倾斜。

江西省除公共管理、社会保障和社会组织，水利、环境和公共设施管理业，农、林、牧、渔业，电力、热力、燃气及水生产和供应业，金融业为负增长外，其他行业均为正增长，公共管理、社会保障和社会组织增速最低，为－14.6％，信息传输软件和信息技术服务业增速最高，达 63.0％，总体上江西省也比较重视信息技术、教育、商务服务、科研和技术、制造业和居民服务管理行业，江西省的行业投资也是比较有利于其产业发展的，但今后也需重视公共管理、社会保障和社会组织方面的投资，加强基础性产业的投资倾斜。

山西省投资负增长的行业有水利、环境和公共设施管理业，文化、体育和娱乐业，科学研究和技术服务业，公共管理、社会保障和社会组织，电力、热力、燃气及水生产和供应业，金融业；其他均为正增长，其中增速最大的是住宿和餐饮业，增速为 109.2％，其次为建筑业，较为重视商务服务、信息技术、居民服务、制造业和教育，但科研和技术以及公共管理方向需要加强，尤其是科学研究和技术服务业，山西省作为资源性改革试点省份，科研技术以及基础性产业和服务业方面需要加强。

表 1-2-4　中部六省分行业固定资产投资比上年增长情况

单位：％

项目	河南省	湖北省	湖南省	安徽省	江西省	山西省	全国
全部投资	4.5	20.4	8.0	9.4	10.8	8.7	4.9

（续）

项目	河南省	湖北省	湖南省	安徽省	江西省	山西省	全国
农、林、牧、渔业	−7.9	42.7	7.8	35.9	−4.4	30.0	9.3
采矿业	7.7	20.1	−0.5	23.3	8.3	15.5	10.9
制造业	12.7	18.9	17.5	14.6	17.1	24.5	13.5
电力、热力、燃气及水生产和供应业	7.5	27.7	−3.9	3.7	−5.1	−25.0	10.8
建筑业	—	163.5	−32.4	7.5	39.8	88.1	8.7
批发和零售业	−15.3	17.6	−17.7	2.3	44.7	8.4	−5.9
交通运输、仓储和邮政业	3.4	12.7	6.7	6.6	1.4	22.2	1.6
住宿和餐饮业	24.7	2.5	5.5	7.9	20.1	109.2	6.6
信息传输软件和信息技术服务业	−15.9	12.5	28.5	46.5	63.0	39.4	−12.1
金融业	−25.1	−41.7	39.1	19.4	−11.7	−26.0	1.9
房地产业	2.1	22.7	7.0	3.3	6.5	5.2	5.0
租赁和商务服务业	6.6	51.2	2.2	16.4	1.5	73.9	13.6
科学研究和技术服务业	4.2	38.7	5.3	31.6	29.9	−16.4	14.5
水利、环境和公共设施管理业	0.9	8.4	1.5	6.8	−0.2	−2.4	−1.2
居民服务、管理和其他服务业	−5.2	8.3	−11.5	31.2	42.2	16.3	−10.3
教育业	2.0	53.6	1.8	27.5	18.4	12.5	11.7
卫生和社会工作	4.8	63.8	−3.7	62.4	24.1	47.4	19.5
文化、体育和娱乐业	10.2	12.9	7.9	1.7	11.3	−14.2	1.6
公共管理、社会保障和社会组织	68.3	13.3	−6.3	−8.8	−14.6	−16.7	−38.2

2.2.4 中部六省产业结构发展探讨

按照主导产业、关联产业和基础性产业所构建的区域产业结构理论分析，区域的发展需要一个良好的产业结构，需要主导产业、支柱产业、关联产业、基础产业、潜导产业的相互支撑和协调。区域发展既要重视基础产业的服务配套，也要重视那些直接与主导产业或支柱产业在产品的投入产出、技术等方面有联系，为主导产业、支柱产业发展进行配套、协作的产业，即关联产业的发展。

（1）基础性产业投资和发展程度尚有所不足

当前，中部六省在产业规划中均体现了产业链配套的意识。比如中部六省均积极实施"数字化转型"战略，坚持以新一代信息技术赋能制造业高质量发展，通过开展数字化制造普及、网络化制造示范和智能化制造探索，培育新业态新模式。但是从区位商和行业固定资产投资增速上来看，河南省的汽车制造业和计算机、通信以及其他电子设备制造业的区位商均低于全国平均水平，并不具有比较优势。河南省的信息传输软件和信息技术服务业的负增长也不利于该省电子制造、信息技术等产业的发展。湖北省的医药制造业、电子制造有关行业区位商也较低，但在固定资产投资增速上为正向增长，比较有利于产业发展。中部各省在居民和公共管理等服务业上投资增速不一，尤其是在公共管理行业大多省份均为负增长，从这些可以看出中部六省对基础性产业的配套发展有所重视，但投资和发展程度尚有所不足。中部六省均较重视制造业的发展，制造业的固定资产投资增速均为正向，同时中部各省也积极加快推动先进制造业与现代服务业深度融合，培育发展服务型制造业，深化业务关联、链条延伸、技术渗透、平台赋能，推动先进制造业和现代服务业相融相长、耦合共生。再如，《河南省"十四五"规划》指出要"建设现代服务业强省，推动生产性服务业向专业化和价值链高端延伸，推动生活性服务业向高品质和多样化升级，加快现代服务业同先进制造业、现代农业融合发展，积极培育新业态新模式新载体。构建'通道＋枢纽＋网络'现代物流运行体系，发展高铁货运，打造万亿级物流服务全产业链，加快建设现代物流强省"。这些表明河南省在基础性产业上的规划宏大，也符合河南省当前的发展定位。今后，河南省应继续强化现代化基础设施体系的建设，加快第五代移动通信、工业互联网、大数据中心等建设，构建便捷畅通的综合交通体系，建设郑州国际交通门户枢纽和洛阳、商丘、南阳全国性交通枢纽，加快"米"字形高铁向多中心网络化发展。河南省在基础性产业方面应着重交通、物流等方面的优势，今后不仅关注郑州的物流枢纽地位，更要关注地级市如南阳市的物流承载枢纽潜力。在前面空间结构的分析中，该城市居于西安、重庆、长沙、南昌、合肥、太原的中心位置，如郑州一般联系着东西南北，在交通和物流承载上具有极大的潜力。

（2）产业关联度不足

以轻纺产业为例。轻纺产业常常被作为各个省份的传统优势产业，但每个省份的产业关联情况不一。轻纺产业与关联产业的简单关系如图1-2-1所示。各省轻纺产业在后向联系和侧向联系上一般发展较好，但依然还有提升空间，大多在前向联系上明显不足。比如，2015年河南省曾将服装服饰作为高成长性产业培植，"十三五"时期成长较慢，至今尚未打造出属于河南省的服装品牌，在全国甚或国际上占有一席之地。但这个产业结构完善的方向是对的，河南省是农业大省、棉花种植大省、纺织工业大省，不能让纺织工业只停留在初级的产品加工上，今后依然需要在服装服饰加工上寻求突破，提升纺织工业的附加值。安徽省的纺织业有关行业区位商均小于1，也存在和河南省类似的关联度不足的问题。江西省在纺织服装产业、食品产业和中医药产业上相关行业区位商均具有一定的比较优势，关联度较强。中部六省在电子制造和信息技术产业方面均存在同样的问题，与之相关的行业区位商不高，或者行业固定资产投资增速为负增长。

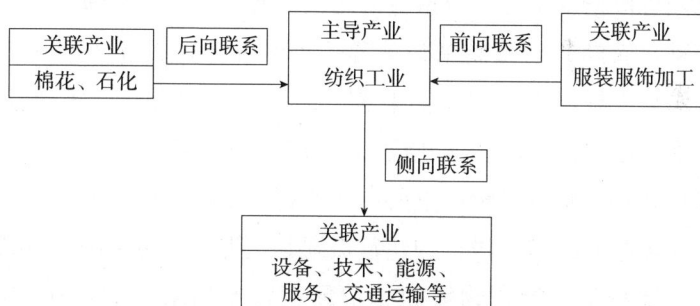

图1-2-1　主导产业与关联产业的联系

（3）要注重产业特色化

从上述各省产业结构来看，也存在一些产业特色不明显，产业追求大而全、新而全的问题。比如，中部六省都将智能网联汽车、新能源、航空航天、氢能、量子信息、未来网络、类脑智能等作为未来产业培育，但各省产业培育方向不明确。以河南为例，河南省是农业大省，也是"医圣"张仲景的故乡，所以在中药现代化上具有天然的优势和建设条件，该产业可作为该省的特色产业，由此，在新兴产业上可以重点推动中药现代化特色产业的发展。今后应该加强对中医药产业的支持和重视，宣传名人、培养名医，通过多种媒体扩大名医影响，建设中医高校，培养中医学者，普及中医养生小知识，增强中医在大众生活中的作用，由此来做大做强河南省的中医中药产业。作为农业大省，河南省在分子育种上不能落后，所以也可以将分子育种作为该省的特色产业。河南省是人口大省，提高人口素质，将未来网络、电子制造、信息技术、现代农业、新兴服务业进行产业关联也是壮大产业体系的发力点。另外，在知识密集型服务业上，河南省的创意设计产业引起了全球关注，是产业发展上较为成功的一例，尤其是文化产业的传承和展示上，近两年的河南春晚成了浓墨重彩的一笔，今后可以将其着力打造成河南省的文化特色产业。

(4) 要注重中部六省产业间的协同

中部六省在汽车产业、"光芯屏端网"、生物技术、现代中药、现代服务业等方面均有共同的规划目标，可以在产业规划上互相学习，发挥区域间的互补优势、比较优势，以追求区域产业间的协同。传统优势产业如轻纺、建材、冶金等都会面临淘汰落后产能、兼并重组和技术改造等问题，各省份之间可以借鉴学习，以避免问题在不同省份重蹈覆辙。河南省以纺织生产著称，而湖北以服装销售著称，故两省可以在轻纺产业上加强合作，提高服装设计能力，创新商业模式，打造知名品牌，实现价值链攀升。再比如，中部六省的物流建设，除河南省外，湖北省在"十四五"规划中也提出要在本省打造全国重要的现代物流基地，推进南北物流通道和长江物流通道中心枢纽建设，构建覆盖湖北全省、辐射全国的现代物流网络，形成口岸物流、行业物流和城市配送物流相结合的现代物流体系。"加快推进武汉、宜昌、襄阳、十堰等城市建设国家级物流枢纽，布局建设一批省级物流枢纽。"由此可见，在现代物流建设上面，河南省和湖北省有非常广泛的合作空间，尤其是南北物流通道、口岸物流等方面。还有中部各省都会发展大数据产业，这也是中部各省可以相互合作的方面。如何提高信息资源配置和利用能力，推动数据开放共享和开发应用不仅是中部各省要面对的问题，也是中部六省合作分工要考虑的问题。在数字大省建设方面，上述各省还需细细打磨，寻找到适合各自省情的定位点、共享点和互补点。

(5) 重视与周边区域的协调

以湖南省为例，从《湖南省"十四五"规划》中可以看出，湖南省除了关注中部崛起战略之外，还特别注重建设湘渝黔边城协同发展合作区以及扩大湘桂琼合作，深化与北部湾地区在东盟国家物流产业园、国际中转运输、多式联运等方面的合作，对接海南自由贸易港、北部湾经济区，依托中国—东盟博览会和区域全面经济伙伴关系协定（RCEP），打造怀化、邵阳、永州经广西、海南至东盟向海经济走廊，合作共建陆海新通道。前面空间结构分析里已经分析了怀化的地位，湖南成为中部地区对接西部和广西边境的重要通道。如果郑州、南阳、怀化能联通起来，那么中原腹地就又多了一条陆海出路。另外湖南省也可以充分发挥"一带一路"区位优势，依托长江黄金水道和长江南岸高铁，积极对接成渝地区双城经济圈；密切长株潭城市群与武汉都市圈、昌九都市圈的深入连接，打造中三角。依托渝长厦、渝湘高铁，联动湘西州、张家界、常德、怀化，加强与成渝地区总部经济、消费市场的衔接，突出发挥怀化门户枢纽作用，连通大西南和丝绸之路经济带。安徽省重点打造"一带一路"与长江经济带、长三角一体化和淮河生态经济带等多通道融合的战略支点。丝绸之路的链接可以加快安徽辐射中西部。淮河生态经济带可以整合长江与淮河岸线资源，加强河南省南部和安徽省的联系，完善两省的陆港衔接体系。

综上所述，理论上的主导产业、关联产业和基础性产业所构建的区域产业结构模式与实践中的有所出入，比如支柱产业、新兴产业用得比较多，主导产业有些混用，而且用得比较谨慎，所以在政府文件中用得不多；从统计年鉴上来看，六个省份中，只有河南省在2021年的统计年鉴里明确了主导产业，其他省则是以传统的国有、私营、轻重工业或者行业分类来进行核算，按照这样的产业结构模式无法进行全方面的定量比较。

王中亚（2020）、朱俊成（2010）等曾指出中部地区因为其东部、北部、南部分别临接我国区域发展较快地带：长三角、京津冀、珠三角，故导致中部各省与周围发展较好区域嫁接较多，如湖南和珠三角、江西和长三角、珠三角联系广泛等，这一点在中部六省"十四五"规划中也可以看出，比如湖北省、湖南省和江西省着力推进长江中游城市群建设，推进中三角与长三角、成渝等城市群协作联动，这一点是值得强化的，因为它将湖北和湖南、江西进行了协调互补，同时也开始注重东中西的连结。除此之外，湖南省、江西省、安徽省也将"一带一路"作为重点支点打造，并且深度参与长江经济带和粤港澳大湾区的建设。山西省在区域合作上更加注重与京津冀的合作，同时加强与环渤海的交流合作。对外借力是必不可少的，因为从上篇的空间结构分析来看，中部地区必须和周边嫁接好才能发挥区域空间优势。那么如何体现中部的整合优势呢？从产业结构的角度来看，这几个省份总体发展趋势大体相同，都以构建现代服务业、先进制造业、战略性新兴产业和未来产业为主要发展目标，想要发挥整合优势，就需要在增强各自特色的基础上进行产业间的协调互补，同时重视基础性产业和关联产业的配套发展。

2.3　区域产业结构合理性评价

区域产业结构合理性评价因区域而异，无法给出明确的评价标准，参考刘再兴（1993）、李小建（2018）等学者的著作，可从以下几个方面进行区域产业结构合理性评价。

看区域产业结构是否与区域的资源结构相对应，是否能充分有效地发挥区域资源的比较优势；另外，还要看一看该产业结构在充分利用区域内优势资源的同时，能否带动区域内其他资源的综合利用。在这一点上中部六省都是先发展具有资源优势的产业，山西省表现得格外明显，今后中部六省需要关注的是如何带动和增强区域内其他资源的综合利用。

看区域产业结构是否能够承担起全国和区际分工任务，尤其是主导产业的区际分工任务。全国分工由国家发展规划宏观把控，区际分工要靠中部六省的共同探讨。由上面各省产业结构分析可以看出，中部六省的产业功能性结构趋同性较强，主导产业、新兴产业、未来产业方向较为相似，如何更好地进行区际分工和合作是中部崛起战略必须要深刻讨论的议题。产业相同和相似在一定程度上也是中部六省合作和分工的基础，比如中医药产业，在药材种植、加工上非常有合作前景，除河南省外，每个省在"十四五"规划中都提到此产业，但每个省可种植的中药数量有限，因此合作的需求很大。

看区域产业结构的关联程度是否紧密、协调。关联程度主要体现在主导产业与关联产业、基础性产业在数量、规模、时空发展方面的协调程度。比如就中部六省的轻纺产业来说，河南省存在的问题是关联性不足，实质上中部六省每个省都存在这个问题，因为轻纺产业基本上是每个省的传统工业。基础性产业发展主要体现在服务业的发展和基础设施的建设上，其存在的问题是规划连续性不强。很多城市的基础设施改造和建设数十年不变，致使一些投资者认为该城市缺乏连续性的规划，或者担心该城市创造的基础设施条件不到位而停止投资。

看区域产业结构是否具有较强的应变和转换能力。这主要考查的是在外部环境发生大的变化时产业结构的自我调节能力，能否降低和消除不利影响，又能否顺应环境，稳定有序地实现产业结构的高级化。在全球或国家政策影响下，如严格的低碳、环保政策下，中部六省尤其是山西省的资源型产业的改革值得期待。

看区域产业结构是否具有先进性。先进的主导产业可以带动其他产业发展，而且主导产业也会随着时代的发展而不断变化，因此新旧产业也要适时更替。中部六省都制定了各省的战略性新兴产业规划和培育计划，如新能源汽车是各个省新兴产业的必选项，中部六省可以在新能源汽车的专业化生产上加强合作，从整个汽车生产环节的纵向联系上把中部六省聚集起来，形成集聚经济，降低生产成本。

看区域产业结构是否具有较高的结构性效益。刘再兴（1993）对此有过评价，本项目后续的中部六省综合性比较评价也是一种探索。

上述评价仅是浅尝辄止和抛砖引玉，最终的目的是引导中部六省去思考如何在中部崛起战略背景下，选择合适的产业发展规模经济和范围经济，由此来降低成本和抵御竞争风险。中部六省的产业发展各有特色：如山西省资源型产业的改革具有示范性，湖北省的电子信息产业目标明晰，江西省的中医药产业体系较完善，山西省发展了蓝色经济，湖南省与西部协同发展，河南省着力建设交通、物流枢纽等，这些特色均是各省值得相互借鉴学习的。中部六省的发展要想先行，交通必须跟上，在每个省的"十四五"规划中都提到了建设交通枢纽和物流枢纽的目标，中部六省需要按照产业合作规划进行合理分工，尤其是要在利用节点城市联通好中部六省与东部沿海、西部内陆、京津冀、环渤海、南部边境以及国际交通和贸易大动脉上下功夫，这可能是实施中部崛起战略的一盘好棋，也体现了中部六省的整合优势。

2.4 中部六省区域产业结构演进分析

2.4.1 区域产业结构演进理论

对区域产业结构演进进行分析可以明晰区域产业结构变化的时间特征。此方面的理论较为成熟，较为常用的为以下两种。

(1) 配第-克拉克定理

该理论是我们常用的劳动力在三次产业之间转移的理论，即"随着经济的发展，人均国民收入水平会相应提高，劳动力开始从第一产业向第二产业转移，继而进一步向第三产业转移，由此，第一产业劳动力在全部劳动力中所占的比重就越小，而第二产业和第三产业在全部劳动力中所占的比重就越大；反之亦然（李小建，2018）"。引起这种变化的原因是产业之间存在收入差异，劳动力总是倾向于收入较高的产业。

(2) 库兹涅茨法则

库兹涅茨（Simon Kuznets）在配第-克拉克定理的基础上，通过不同产业间国民收入和劳动力的统计分析，得到了库兹涅茨法则（李小建，2018）："①随着时间的推移，农业部门的国民收入在整个国民收入中的比重和农业劳动力在全部劳动力中的比重均处于不断下降之中。②工业部门的国民收入在整个国民收入中的比重大体上是上升的，但是，工业部门劳动力在全部劳动力中的比重则大体不变或略有上升。③服务部门的国民收入在整个国民收入中的比重大体不变或略有上升，然而，服务部门的劳动力在全部劳动力中的比重基本上都是上升的。"引起这种变化的原因是产业之间存在相对国民收入差异。库兹涅茨提出了相对国民收入这一指标，该指标可以更加具体地表征出产业结构和劳动力结构的变化。公式为

相对国民收入＝某部门国民收入在全部国民收入中的比重/某部门劳动力在全部劳动力中的比重 (2)

库兹涅兹认为,对于大多数国家来说,第一产业的相对国民收入低于1,第二产业和第三产业的相对国民收入都大于1。第二产业的国民收入相对比重呈普遍上升趋势,而其劳动力的相对比重的变化则因不同国家工业化的水平不同而存在差异,但是综合起来看变化不大。一般情况下,第三产业的相对国民收入呈下降趋势,但其劳动力的相对比重却是上升的。

2.4.2　中部六省三次产业演进分析

从图1-2-2至图1-2-8我国及中部六省国民生产总值的产业构成趋势线演进方向可以看出中部六省的三次产业演进方向总体符合配第-克拉克定理和库兹涅茨法则,即第一产业产值构成都呈明显直线下降趋势,第二产业产值构成呈缓慢上升趋势,趋势平稳,第三产业产值构成呈直线上升趋势。不同省份的产业构成有些许差异。河南、湖南、江西、安徽四省变化趋势与产业演进理论趋势基本相同,与这四个省相比,湖北省的第二产业变化较为平缓,略有上升;山西省的第二产业变化则有缓慢降低趋势,这与山西省是"国家资源型经济转型综合配套改革试验区"相符。山西省和我国总体的产业构成变化趋势有些相似,第一产业降低明显,第三产业上升很快,第二产业平缓中有所降低。

就第一产业而言,每个省出现大幅度降低的时期基本都是在20世纪90年代之后。从90年代以前第一产业产值构成的情况来看,除山西省外,其他省份第一产业产值构成都在40%以上,山西省早期就在20%左右。当前,各省第一产业产值构成比例基本都在10%及以下,稍高于2020年的全国值(7.7%)。

就第二产业而言,早期除山西省占比最高达到50%及以上外,其他各省早期第二产业和第一产业占比差异相差不大,安徽省、湖南省早期第一产业占比要高于第二产业。90年代后期,除山西省外,其他各省第二产业占比提升幅度显著。自2016年左右开始至今,各省第二产业占比均有下降趋势。当前,各省第二产业产值构成比例基本在40%及以上,高于2020年的全国值(37.8%)。

就第三产业而言,早期占比均在20%左右,之后各省都呈上升趋势,且上升趋势较为稳定，湖北省则在 1985 年左右有一个陡崖式的上升。与第二产业变化趋势相反，自 2016 年左右开始至今，除湖北省外，其他各省第三产业占比均超过第二产业占比，且继续保持上升趋势。湖北省的三次产业发展趋势在 2020 年前后有所异常，第三产业和第二产业占比均有所下降，第一产业则有所上升，且湖北省第三产业占比并未超越第二产业的占比，这与其他省有所不同。2020 年左右的变化有可能是疫情的影响，但 2016 年左右的发展趋势亦与其他省不同，且与理论上的发展趋势有所出入。当前，第三产业产值构成比例湖北省最低，为 32.8%，其他各省在 50% 左右，均稍低于 2020 年的全国值（54.5%）。

综上所述，湖北省的产业结构保持着"二、三、一"的发展模式，其他中部各省则为"三、二、一"的模式。产业结构是在市场机制与政府干预的共同作用下不断发展演变的，上述理论也是基于发达国家的经济发展历程得出来的，且每个区域区情不一，因此不能轻易否定和肯定某一种模式，反过来，我们可以将这两种模式作比较，从更长时序来观察和分析两种模式的长期效果。不管如何，中部六省要合理发挥市场机制，利用市场的供需关系引导产业之间建立起技术或经济联系；利用市场的价格机制调整生产要素在三次产业之间的流动和配置，调节产业之间的规模和结构关系；利用市场的竞争机制促进各产业追求改革创新，提高资源的利用效率，由产业技术的先进性来决定产业的兴衰更替。但是完全依靠市场机制也是不可取的，有可能会出现产业发展失衡的现象，且无序的竞争有可能导致资源利用率降低、重复建设等问题，因此，在市场机制的调控之下还须政府的干预。通过制订区域产业发展规划，合理制定区域产业发展的重点工作，有效把控产业发展次序、发展速度、发展规模等。还可通过政策工具如信贷、税收、价格等对不同产业进行鼓励、扶持或限制，有效协调产业之间的发展关系，促进区域经济增长。政府还可以创造良好的产业条件和环境，如维持好良好的营商环境、加强区域合作和分工、促进市场信息畅通、消除限制要素合理流动的障碍等。当然，政府干预也要注意干预过度或者决策失误。唯有合理地将市场机制和政府干预结合起来，才能确保区域产业结构的合理、有序、稳定。

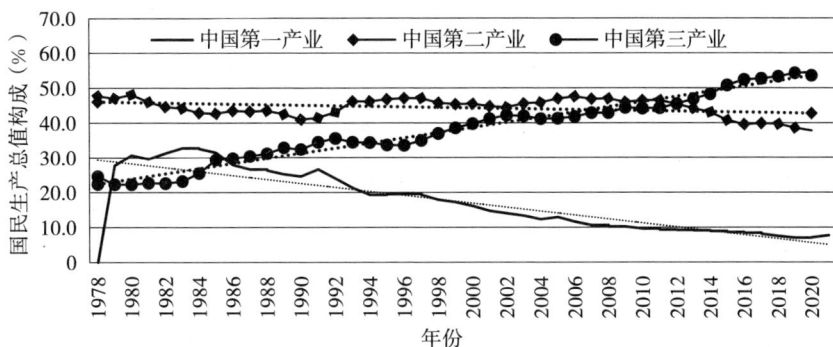

图 1-2-2 中国国民生产总值产业构成

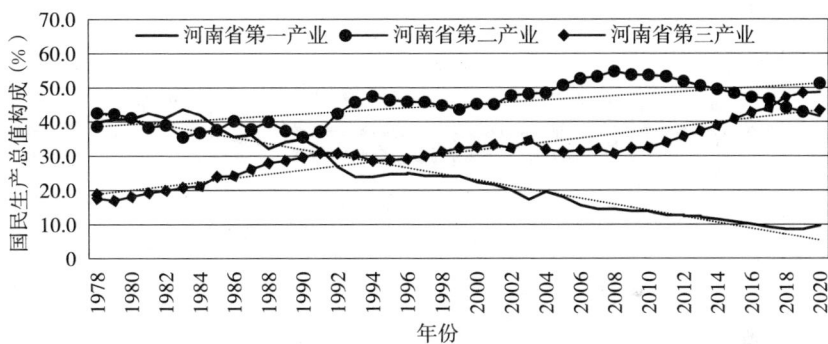

图 1-2-3 河南省国民生产总值产业构成

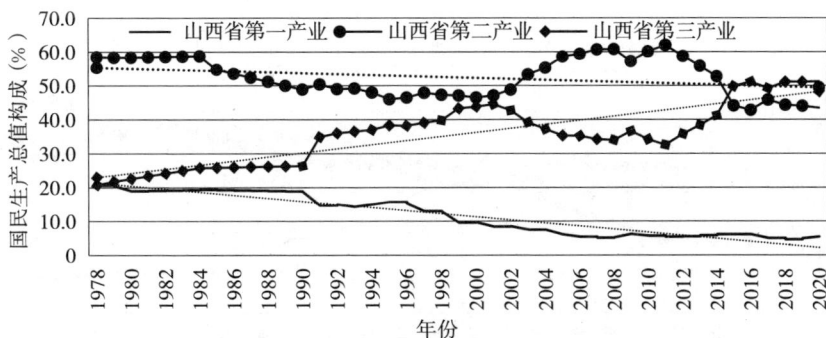

图 1-2-4 山西省国民生产总值产业构成

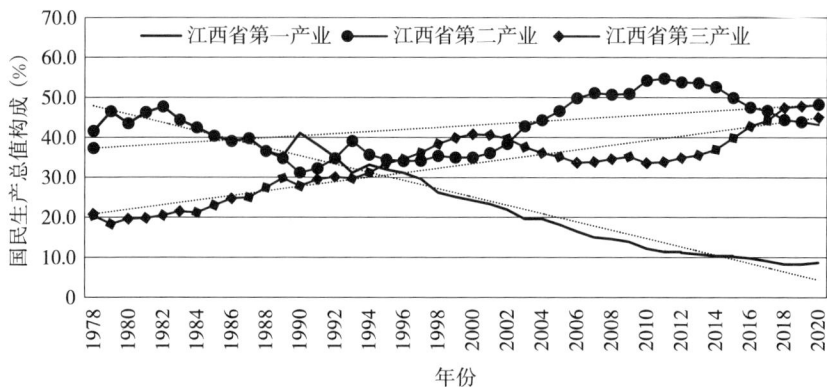

图 1-2-5 江西省国民生产总值产业构成

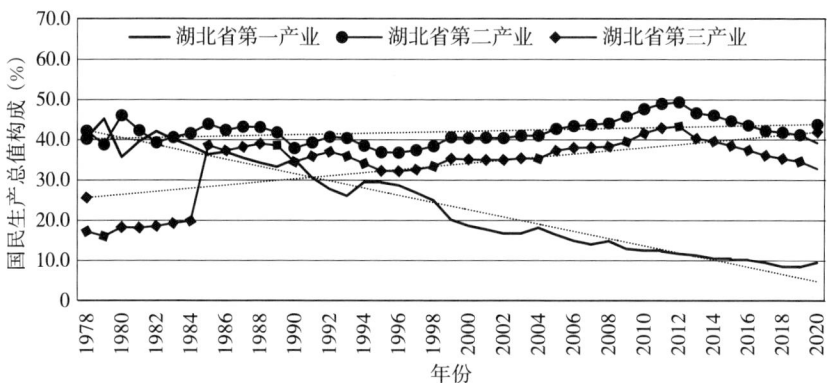

图 1-2-6 湖北省国民生产总值产业构成

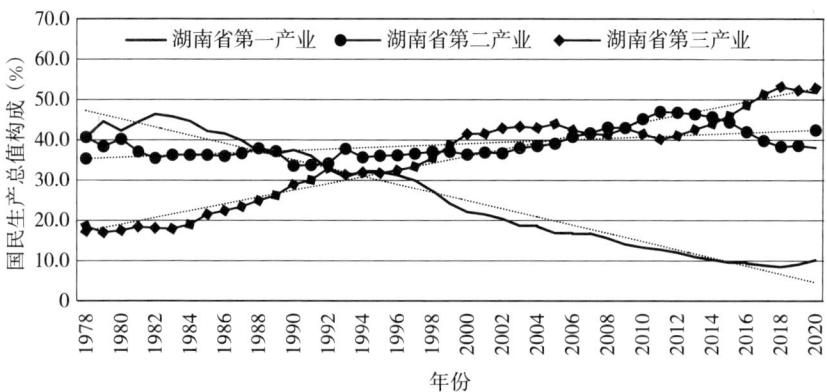

图 1-2-7 湖南省国民生产总值产业构成

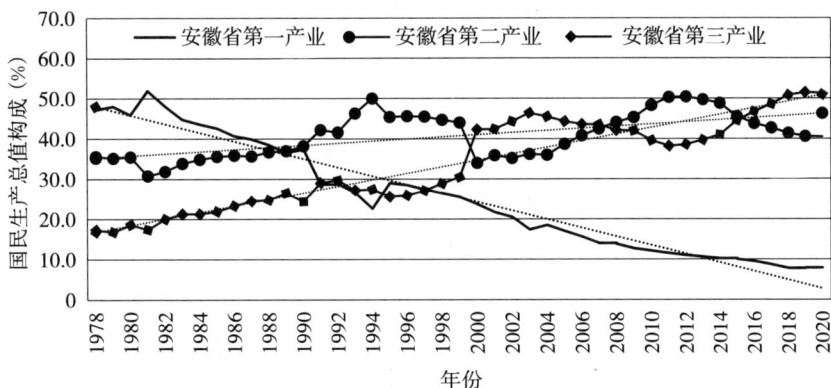

图 1-2-8 安徽省国民生产总值产业构成

2.4.3 中部六省相对国民收入演进分析

根据库兹涅茨法则计算出了中国和中部六省自 1978 年以来每隔 5 年的相对国民收入情况（图 1-2-9 至图 1-2-15），结果如下。

首先，随着时间的推移，中国和中部六省农业部门的国民收入在整个国民收入中的比重和农业劳动力在全部劳动力中的比重均处于不断下降之中，且第一产业的相对国民收入均都低于 1，早期在 0.5 左右，在 2020 年前后降至 0.3 左右。作为资源型省份，山西省的农业相对国民收入值普遍较低，早期在 0.3 左右，在 2020 年前后则降至 0.2 左右。从动态变化趋势来看，第一产业的相对国民收入呈较为稳定的状态，基本均呈现一条直线变化，折线起伏不大，但也可发现在 2020 年有些微上升趋势，这可能和疫情冲击有关，导致农产品短缺、价格上涨，农业收入有所增加，或者是和我国现在对农业的重视有关，尤其是实行乡村振兴战略以来，从事农业的人员数减少了，但是劳动生产率提高了，国民收入有所增加，从而使得相对国民收入也有所提升。

其次，中国和中部六省除山西外，工业部门的国民收入在整个国民收入中的比重大体上是上升的，但是，工业部门劳动力在全部劳动力中的比重早期略有上升，至当前则大体不变。第二产业的相对国民收入大于 1，从动态变化趋势来看，第二产业的相对国民收入早期起伏变化较大，后期较为稳定，且有逐步下降的趋势。理论上讲，第二产业的国民收入相对比重应呈普遍上升趋势，而我国和中部六省的动态变化则有稳中下降的趋势，这表明我国的制造业生产效率还有待提升，同样劳动力规模下创造的国民收入提升值不高，由此导致相对国民收入不高；或者是因为产业的附加值不高，从而导致收入增加不多。但三次产业相比，工业部门的相对国民收入都是最高的。

最后，中国和中部六省服务部门的国民收入在整个国民收入中的比重大体不变或略有上升，服务部门的劳动力在全部劳动力中的比重基本上都是上升的。第三产业的相对国民收入也是大于1的。从动态变化来看，第三产业的相对国民收入早期起伏变化较大，后期则较为稳定，大体不变，湖北省下降趋势较为明显，这和其"二、三、一"的产业模式有很大关系。

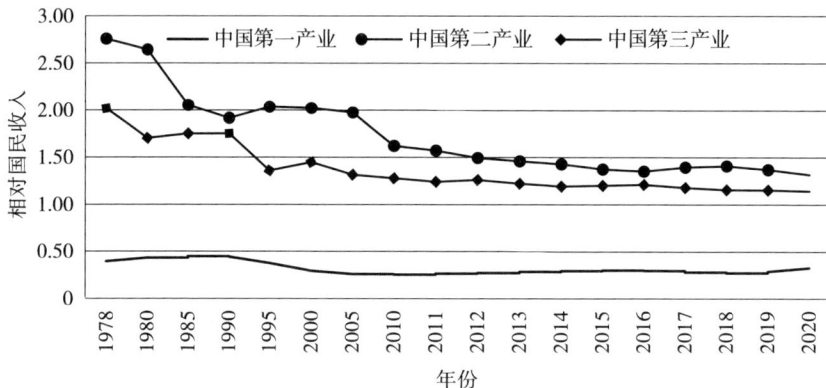

图 1-2-9　1978—2020 年中国相对国民收入演进分析

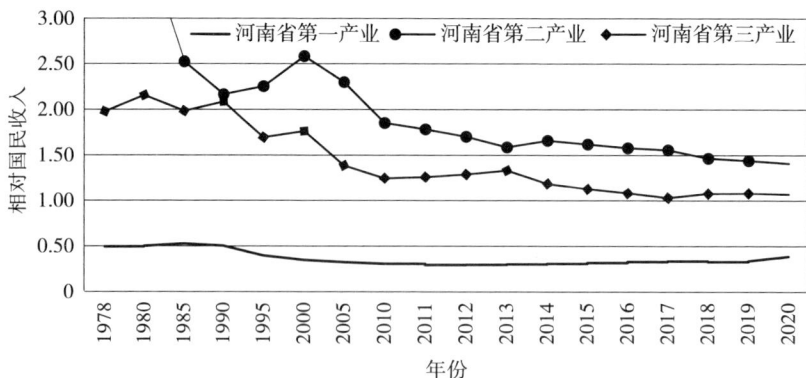

图 1-2-10　1978—2020 年河南省相对国民收入演进分析

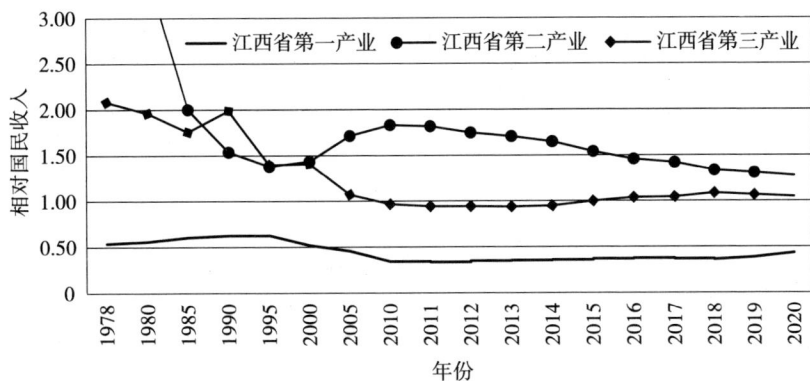

图 1-2-11 1978—2020 年江西省相对国民收入演进分析

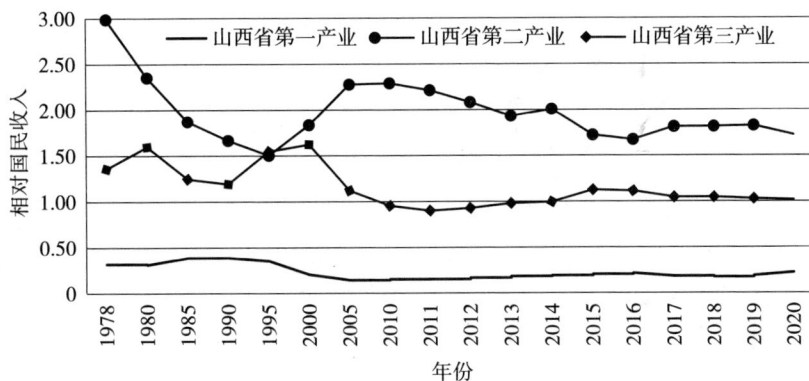

图 1-2-12 1978—2020 年山西省相对国民收入演进分析

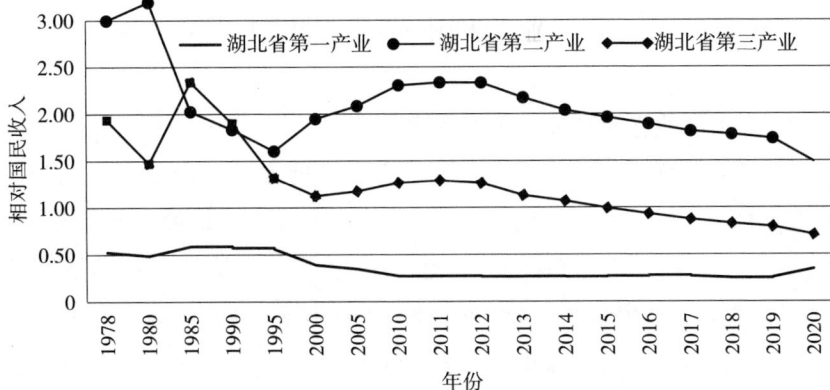

图 1-2-13 1978—2020 年湖北省相对国民收入演进分析

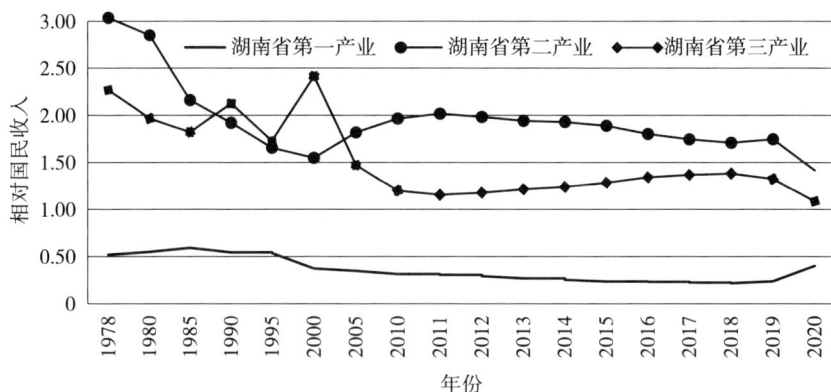

图 1-2-14 1978—2020 年湖南省相对国民收入演进分析

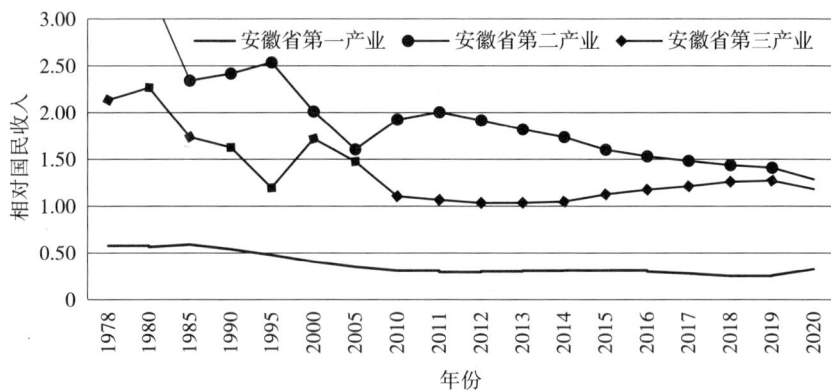

图 1-2-15 1978—2020 年安徽省相对国民收入演进分析

2.5 中部六省区域产业结构中存在的问题

（1）三大产业之间发展协调性不够

就中部六省而言，2020 年第一产业总的产值为 20 100 亿元，占全国第一产业产值（77 754 亿元）的 25.85%；第二产业总的产值为 90 269 亿元，占全国第二产业产值（384 255 亿元）的 23.49%；第三产业总的产值为 111 878 亿元，占全国第三产业产值（553 977 亿元）的 20.20%。从上述三次产业在全国的比重可以看出，中部六省第一产业产值占比最高，其次为第二产业产值，最后是第三产业产值。尽管从前述三大产业的动态演变比例关系看，中部六省三大产业结构逐渐由"一、二、三"调整到"三、二、一"

或"二、三、一",第一产业均有所降低,第二产业保持稳定,第三产业比重进一步提高;但从整个中国的产业比重来看,中部六省三大产业所占比重仍然为"一、二、三",仍然表现出以农业为主,具有一定的工业基础,第三产业比重仍显偏低,三大产业发展的协调性不强,产业结构升级速度还有待加强,整个中部的三大产业的发展还有较大提升空间。

(2)中部六省第一产业优势还有待进一步发挥

就中部六省而言,2020 年第一产业总的产值为 20 100 亿元,占全国第一产业产值(77 754 亿元)的 25.85%;山西省(947 亿元)、安徽省(3 185 亿元)、江西省(2 242 亿元)、河南省(5 354 亿元)、湖北省(4 132 亿元)、湖南省(4 240 亿元)分别占中部六省第一产业总值的 4.7%、15.85%、11.15%、26.64%、20.56%、21.09%。可以看出,中部六省第一产业优势明显,中部六省都是人口大省,农村人口比例较高,但随着农业技术的创新、推广以及农业集约化的发展,农村劳动力中非农就业比例在不断上升,今后要注重农业劳动效率的提升,充分发挥第一产业的自然优势。

(3)中部六省第二产业竞争力还有待加强

2020 年中部六省第二产业总的产值为 90 269 亿元,占全国第二产业产值(384 255 亿元)的 23.49%;山西省(7 675 亿元)、安徽省(15 672 亿元)、江西省(11 085 亿元)、河南省(22 875 亿元)、湖北省(17 024 亿元)、湖南省(15 938 亿元)分别占中部六省第二产业总值的 8.5%、17.36%、12.28%、25.34%、18.86%、17.66%。从上述数据可以看出,中部六省第二产业竞争力还有待加强。中部各省在制造业上需要加强的是产品附加值以及品牌效应和质量口碑,另外就是创新力和核心技术。要逐步从劳动力密集型产业向知识密集型产业转移。比如郑州的富士康,确实解决了人口大省 20 多万劳动者的就业压力,但是从长远来看,一个区域的发展演化不能只靠输出廉价的劳动力获得,富士康在美国威斯康辛州的选址规划不仅给出的工资高,所生产的产品附加值也很高,二者差别太大,如何提高产业的劳动效率和产品的附加值是中部地区今后在产业发展上要解决的问题。

(4)中部六省第三产业发展亟待加速

就中部六省而言,2020 年第三产业总的产值为 111 878 亿元,占全国第三产业产值（553 977 亿元）的 20.20%；山西省（9 028 亿元）、安徽省（19 825 亿元）、江西省（12 363 亿元）、河南省（26 772 亿元）、湖北省（22 286 亿元）、湖南省（21 604 亿元）分别占中部六省第三产业总值的 8.07%、17.72%、11.05%、23.93%、19.92%、19.31%。中部各省人口基数较大，且具有良好的教育资源，人口素质高，因此可以在第三产业上有较大作为，如何加速中部六省第三产业的发展也是今后面临的重要课题。

（5）用高技术产业发展提速和增强传统产业的发展

从前述各省"十四五"发展规划可以看出，中部六省都力争在高技术产业如芯片、量子、大数据、信息化、人工智能、生物医药等方面有所突破，同时也表现出一定的同质性和重复性，所以，在高技术产业发展方面中部六省可以做好规划和合作，找出适合中部六省区域高技术产业发展的互补点和加强点。中部六省可以通过大数据将物流、物联、交通连通起来，继而作好"承东启西，纵贯南北"的一体化枢纽。

中部六省人口众多，农业生产条件好，是我国重要的农产品生产基地；同时该区域能源资源丰富，传统制造业优势明显，工业基础雄厚，科研教育力量较强，具有良好的发展基础；这里生态环境条件较好，生态承载能力较强，由此可以看出该区域在我国经济社会发展中具有重要地位以及巨大发展潜力。充足优质的劳动力资源是中部地区发展劳动密集型制造业和第三产业服务业的最显著优势。该区不仅劳动力资源十分丰富，且具有良好的教育基础，人口和劳动力素质较高。这为中部地区产业结构由劳动密集型、资本密集型向知识密集型跨越创造了条件。

2.6 中部六省区域产业结构调整的建议

（1）基于比较优势和竞争优势，大力发展优势产业

中部六省是我国重要的农产品生产基地，矿产资源、旅游资源丰富，具有"承东启西，纵南贯北"的区位优势这些都是中部六省的比较优势，中部六省应抓住机遇把比较优势转变为竞争优势，大力发展优势产业。比如中部地区的气候、土壤等农业生产条件较好，适于小麦、玉米、棉花、水稻等农作物生长，但这一产业存在的问题是农产品价格有限，附加值较低，今后要充分利用这一优势,把中部六省建设成为优质农产品专用生产加工基地,并向规模化、多样化、优质化、高附加值化方向发展。同样的,中部六省的矿产资源比较丰富,如煤、磷、有色金属等,且有一定的加工能力,中部六省应利用这一比较优势,做大工业规模。再比如前面提到的轻工、纺织,基本都是各省的传统优势产业,中部六省应充分发挥这些产业的特色,并挖掘其发展潜力。旅游也是极具潜力的产业。中部地区是华夏文明的发祥地,历史文化底蕴深厚:河南省有"根文化""中原文化",古都、历史文化名城居多,可谓"举手触摸秦文化,抬脚踢到汉砖瓦";山西有晋文化,且是国家级文物保护最多的省份,其木构建筑全国有名;湖南、湖北有楚文化,长江风景;安徽有徽商文化;江西有道教文化;还有各种红色旅游地:太行山、韶山、井冈山。中部六省应充分利用这些丰富的旅游资源,打造精品旅游线路,创建中部旅游品牌,带动区域经济、社会的发展。

(2)利用主导产业,拉长产业链条

前述中部六省产业结构的分析一致强调延伸产业链条,要多利用主导产业的前向、后向、旁侧关联拉长产业链条,使其产生连锁效应或聚集效应。就中部六省而言,可以在一个省内或省域间充分利用周边丰富的矿产资源,加强重点工业基地建设。如通过区域内矿山、电厂、铝厂的协同建设,实施煤-电-铝一体化运作战略,形成采选业-发电业-氧化铝-电解铝业-铝加工业产业链条,提高资源的综合利用水平。在食品工业方面,可以通过后向关联带动种植业、饲养业、饲料业的发展,通过前向关联带动零售业、物流业、批发业的发展,通过旁侧关联带动冷藏、机械制造、印刷、建筑、包装、信息服务等各业的发展,对农产品进行深加工,增加其附加值。

(3)用高新技术和先进适用技术改造提升传统产业

中部地区传统产业主要包括机械、轻纺、食品、建材、冶金、化工、能源等,这些产业为当地人们提供了就业机会,对经济增长起着带动作用,一些至今仍然发挥着巨大作用。中部地区传统产业比重较大,且也具有一定的同质性,今后应把重点放在用高新技术和先进适用技术改造与提升这些传统产业上,在增强产业竞争力上下功夫,努力提高产品质量,力争开拓创新,解决实际中存在的卡脖子问题,由此带动其他产业发展。并且中部地区没有发达区域比如美国的硅谷那样的成熟资本市场,因此中部地区应将培育发展高新技术产业与改造提升传统产业结合起来，以传统产业发展为基础培育发展高新技术产业，用高新技术促进传统产业的改造提升，寻找适于各个省份发展且有竞争力的高新技术产业。

（4）协调三次产业的结构

优化三次产业之间的结构，促进三次产业之间的结构向合理化和高度化演变，发挥产业结构的关联效应和扩散效应；不断创新、培育出核心竞争力突出的主导产业，利用主导产业的前向、后向、旁侧关联，拉长产业链条，充分利用连锁效应或聚集效应，在产业间合理配置和有效利用资源，促进各产业之间协调发展。对于第一产业，应当发挥中部地区农业生产的传统优势，以市场需求为导向，以产业化为基础，发展有比较优势的特色农业和具有高附加值的绿色农业、观光农业、高效农业、创汇农业和品牌农业；大力开展农产品的深加工和精加工，提高粮食及畜产品加工转化能力，增加农业附加值，克服农民增产不增收问题；积极推动传统农业向现代农业转变，推广"公司＋农户""订单农业"等现代农业生产方式，逐步形成农产品生产、加工、销售一体化经营。对于第二产业，要充分利用中部地区的丰富资源、资源组合度优势，做大做强传统优势产业，实现工业生产的规模经济。对于第三产业，要大力发展现代物流业、旅游业。有效利用中部地区独特的区位优势，抓好物流基础设施和物流结点建设，整合重组物流资源，培育大型商贸企业和物流集团，建设全国性的区域性物流中心，发挥中部大城市的区位优势；依靠丰富的旅游资源和深厚的文化积淀，大力发展文化旅游、产业旅游、生态旅游和红色旅游，创新服务方式，提高服务水平，发展社区服务业和社会服务业，改善消费环境，培育消费热点，以满足消费者的多方需求。

第二篇 中部六省区域高质量 发展综合性比较分析

1 区域高质量发展相关
研究理论

从上述的区域发展相关政策历程可以看出，早期学者们主要关注的是区域竞争力，党的十九大之后才提出区域高质量发展的相关表述，因此，在区域高质量发展相关研究理论里重点还是与区域竞争力相关的理论。

1.1 竞争理论

1.1.1 国家竞争优势理论

美国哈佛商学院教授迈克尔·波特（Michael E. Porter）将竞争作为专门领域进行了系统、完整的研究。他在《竞争战略》《竞争优势》和《国家竞争优势》中创造性地提出了一系列竞争分析的综合方法、技巧和较为完整的知识框架。他认为一国在国际市场中的竞争优势主要体现在其产业上，而一国的产业能否在国际竞争中取胜，取决于四个主要因素及两个辅助因素。这四个主要因素分别是：①生产要素，如各种自然、人力、资本、知识等资源、基础设施等。生产要素按等级可分为初级要素和高级要素两大类，初级要素是指一国先天拥有的自然资源和地理位置等，高级要素则指社会和个人通过长期投资和发展而创造的因素。高级要素与初级要素之间存在着复杂的关系，初级要素可以为一个国家的发展提供基础条件，而高级要素对国家竞争优势的发挥具有重要作用。②需求状况，该因素比较强调本国市场对产业所提供产品或服务的需求，也即国内需求的作用，如果一国国内的消费者成熟且苛刻挑剔的话，将会迫使本国企业努力达到产品高质量标准和产品创新，从而有助于该国企业赢得国际竞争优势。③相关产业和支持产业的表现，这一因素和前述产业结构理论提到的有些相似，重点强调关联产业和辅助产业的重要性，如果一个国家拥有具备国际竞争力的供应商和相关辅助性行业，是一个国家或地区能够取得国际竞争优势的重要条件。相关行业和辅助性行业在高级生产要素方面进行投资的好处，将会在行业之间相互扩溢而产生"溢出效应"，从而有助于这些行业取得国际竞争的有利地位。④企业战略、结构和竞争对手，在他看来，竞争是保持国家和企业强劲不衰的重要条件。两个辅助因素指机遇和政府，这两个因素的作用也不可忽视，会对以上四个主要因素产生影响，进而影响产业的竞争力。上述 6 个因素彼此相互依赖，形成一个动态的体系，即钻石模型或国家竞争力模型（Porter，1990）。该理论告诉我们一个国家或者区域的经济能不能增长，能不能创造国际竞争优势，与这 6 个因素的良性互动有关。

1.1.2　新经济增长理论

区域竞争力的提升必须建立在经济增长的基础之上，因此，新经济增长理论是研究区域竞争力的一个重要理论基础。新经济增长理论和传统理论的不同在于，它较为重视知识、教育、贸易、社会基础设施等因素（王与君，2000）。其经济内涵包括：①知识和资本也是生产要素；知识和技术具有递增的边际生产率，可以提高投资的收益，有利于保证长期稳定的经济增长；在经济增长过程中可以通过投资刺激知识积累，知识积累反过来也会促进投资的增加，从而形成良性循环。②新经济增长理论还将人力资本因素引入经济增长模型，认为专业化的人力资本积累是经济增长的重要源泉。③专业化的知识、人力资本的积累可以产生递增的收益并使其他投入要素的收益增加，从而使总的规模收益递增；知识、技术和人力资本水平高的产业，其经济增长率和收入水平就高，反之亦然。④新经济增长理论强调对外开放和参与全球贸易的重要性，认为二者可以产生一种"溢出效应"。⑤新经济增长理论还强调劳动分工、专业化经济、政策等因素在经济增长中的作用。这种对知识、教育和人力素质的重视更加适用于解释现代经济的高质量发展是如何发生的，区域的经济实力和竞争能力是如何提高的。由此，也使得新经济增长理论成为区域竞争力研究的主要理论基础。

1.2 区域经济发展理论

传统的区域经济发展理论主要从区位论和区域经济发展的过程两方面来研究。如 Alfred Weber 的工业区位理论、D. C. North 的输出基础理论等。工业区位理论主要从运输费用、劳动力费用和集聚（包括分散）效应等方面逐步分析和探讨区域经济发展的区位选择；输出基础理论对区域输出需求的增加能对区域经济产生乘数效应，这不仅会导致输出产业投资的增长，也会导致对其他经济活动的投资增长。

20 世纪 40 年代末到 80 年代初，区域经济发展过程偏重于区域经济阶段的定性描述，如区域经济学家胡佛（E. M. Hoover）及费希尔（J. Fisher）于 1949 年提出的区域经济发展阶段理论，该理论将区域发展划分为 5 个阶段，分别为自给自足阶段、乡村工业崛起阶段、农业生产结构转换阶段、工业化阶段、服务业输出阶段。美国学者罗斯托（W. W. Rostow）则将一国的经济发展过程划分为传统社会阶段、起飞准备阶段、起飞阶段、成熟阶段、高额消费阶段、追求生活质量阶段。虽然学者们对区域经济发展阶段划分不太相同，但是他们都认为区域经济的发展是内部力量的演化过程。

新古典区域均衡增长理论从供给出发，强调区域的长期增长主要取决于资本、劳动和技术进步三个要素："在固定规模报酬和市场机制运营不存在主要障碍的假设下，由于要素报酬率的区域差异，劳动力将由低工资区域流向高工资区域，资本则从高工资区域流向低工资区域，因而市场机制的自我调节将使区域发展的差异不会持久，最终区域之间的发展差距缩小，区域之间将趋于均衡增长或者说趋于收敛。"

不均衡增长理论与均衡增长理论观点相反，如法国经济学家弗朗索·佩鲁（F. Perroux）提出的增长极理论，该理论认为："在市场因素的作用下，区域发展之间的差距不会缩小反而会扩大，因为规模经济和集聚经济所产生的'极化效应'或'反吸效应'和'报酬递增'，将促使资本、劳动和产出在一定区域内循环积累，而其所产生的'涓滴效应'或'扩散效应'以及政府的转移支付只能将区域差异保持在一定限度而不足以促进区域收敛（郝寿义，2004）。"

比较上述理论可以发现，国家竞争优势理论强调宏观层面的研究，新经济增长理论更侧重于特定区域本身的研究，研究的重点开始转向各区域内部的特定问题，如技术、知识、制度等；区域经济发展理论则从区位、集聚经济及区域经济发展阶段等方面剖析了区域经济发展的基本条件，为区域竞争力研究提供了分析思路，是区域竞争力研究的重要理论基础。

2 区域高质量发展研究 现状及述评

2.1 区域竞争力研究起源

区域高质量发展的研究来源于国际竞争力的研究。而国际竞争力的研究早期主要集中在军事力量方面。自 20 世纪六七十年代以来，尤其是全球化时代的到来，科技的进步和不发达国家工业化进程的加速，使得各国之间的经济联系日益紧密，各国之间的竞争也日益激烈，经济因素在国际竞争力中的地位日益提升。由此，不同的国家、不同的国际组织纷纷对各国的经济发展状况进行研究。1980 年，欧洲经济论坛（世界经济论坛的前身）就对国际竞争力产生了极大兴趣，此后世界经济论坛（World Economic Forum，WEF）一直将其作为一个重要课题进行研究，并形成一个相对独立的体系。1989 年，WEF 与瑞士洛桑国际管理发展学院（International Institute for Management Development，IMD）开始携手共同进行国际竞争力的研究。1995 年底，WEF 与 IMD 因研究方法的分歧终止了合作，此后各自使用各自理解的概念和方法进行研究。在诸多研究中，对国际竞争力进行系统而完整研究的是美国哈佛商学院教授 Michael E. Porter，他创造性地提出了一系列分析的方法和技巧，为以国家为单元的区域竞争力研究建设奠定了基石。随后越来越多的学者在此研究基础上，将研究尺度进行拓展，由此不仅进一步拓展和完善了区域竞争力的概念，还将国家竞争力理论和应用拓展到不同级别的区域竞争力理论和应用研究上。1995 年，我国正式参加世界国际竞争力评价体系，1997 年出版了《中国国际竞争力发展报告（1996）》。

2.2 区域竞争力研究概述

至 20 世纪 90 年代，世界上已经有许多组织和学者对企业竞争力进行了研究，因此，1996 年，克鲁格曼（P. Krugman）曾认为竞争力的概念只适用于企业或产业层面，但从上述研究理论可以看出，区域竞争的优势并不一定是来自企业，也不一定是由企业内部决定的，更多的是来自企业所在的环境，如知识、人力、自然条件等（Porter，1990），所以有些学者认为企业的竞争力取决于其所处区域的竞争力（Philip Cooke & Gred Schienstock，2000）。1993 年 Robert 论证了区域竞争力概念的合理性，到现在区域竞争力已被广为接受，也形成了大量关于区域竞争力的研究文献。下面从区域竞争力概念、区域竞争力的国内外研究现状两个方面进行介绍。

2.2.1 区域竞争力的概念

区域是"按一定标准划分的连续的有限空间范围，是在自然、经济或社会特征的某一方面或几个方面具有同质性的地域单位"（高洪深，2002）。每一个区域经济的发展，其动力既来自于经济内部，也来自于上层建筑的反作用，它既是社会经济发展的结果，又反过来影响和推动社会经济的进一步发展。区域经济学家胡佛认为"区域是遵循行政管理范围的边界划分而形成的"（高佃恭，1998）。对更多的人来说，区域是"由人的经济活动所造就的、围绕经济中心而客观存在的经济区域，是一个系统"。因此，对于区域问题的研究要采用系统论的观点来分析。

区域竞争力概念涵义广泛且抽象，目前学术界还没有一个统一的表述。学者们大多都是借用已有的"竞争力"概念，将区域划分为不同尺度（国际、跨国家的地区、国家、次国家的区域、城市等），以"竞争力"和"区域"的模式来界定。总结已有文献，可将区域竞争力的解释归纳为两种观点。

（1）能力观点

1）财富创造论。瑞士洛桑国际管理发展学院（IMD）和世界经济论坛（WEF）认为区域竞争力也即区域创造财富的能力。1994 年，它们在《全球竞争力报告》中把国家竞争力定义为"一国在世界市场上均衡地生产出比其竞争对手更多财富的能力"。

2）生活水平提高论。1999 年，欧盟在《关于区域的第六期报告》中指出："区域竞争力是指一个区域在参与外部竞争的过程中，能为其居民带来相对较高的收入和就业水平的能力。"

上述两类定义均突出了区域经济的产出层面，着重强调用经济的产出来衡量区域竞争力的强弱。

3）产品提供论。1984 年，美国的《关于竞争力的总统委员会报告》（President's Commission on Competitiveness）认为，国际竞争力是"在自由良好的市场条件下，能够在国际市场上提供好的产品、好的服务，同时又能提高本国人民生活水平的能力"。1992 年，经济合作与发展组织（OECD）提出的定义与此类似。该类区域竞争力定义着重强调产品和服务市场的竞争，有所狭隘，忽略了区域之间对区域经济发展所需的各种战略性资源的竞争。

4）资源集聚和配置论。王秉安（2003）认为区域竞争力就是"一个区域在其所从属的大区域中的资源优化配置能力"。朱铁臻（2001）认为城市竞争力是"城市的凝聚力和吸引力，是一种比较优势"。该类定义立足于经济学的基本原理，认为经济的本质是资源的优化配置。

5）综合论。有部分学者将上述界定进行综合，试图提出一个较为全面的定义。如倪鹏飞等（2003）认为城市竞争力是"一个城市在竞争和发展过程中与其他城市相比较所具有的吸引、争夺、拥有、控制和转化资源，争夺、占领和控制市场，以创造价值，为其居民提供福利的能力"。该定义既强调了资源配置，又强调了财富创造和生活水平的提高。

(2) 因素（要素）观点

如前面 Porter 提出的国家竞争优势理论，认为国家竞争力取决于 6 个因素：生产要素，需求状况，相关产业和支持产业的表现，企业战略、结构与竞争对手，机遇和政府。WEF（2005）在其《2004 至 2005 年全球竞争力报告》中把国家竞争力界定为"决定一国经济能够达到的繁荣程度的因素、政策和制度的集合"。很明显，"因素观"注重的是各因素的质量水平，强调因素的优劣可以决定区域竞争力的强弱。

可以看出，以上定义在一定程度上对区域竞争力都具有一定的可解释性，能力观点强调产出，因素观点强调投入，可以同时解释影响区域竞争力的因素。

2.2.2 区域竞争力的国内外研究现状

(1) 国外研究现状

1) 国家竞争力研究。国外最有影响力的国家竞争力研究当属瑞士洛桑国际管理发展学院（IMD）每年发布一次的《世界竞争力年鉴》、Porter 的《国家竞争优势》以及世界经济论坛（WEF）每年发布的《全球竞争力报告》，年鉴和报告的数据多来自各国政府的统计数据以及对大规模的全球性高层管理者的调查。

IMD 的《世界竞争力年鉴》将国家竞争力归结为一国为其企业持续创造价值提供竞争性环境的能力，如教育、价值体系等，它强调的是经济环境的竞争力而不是一国总体的经济竞争力或经济绩效，它比较看重人均 GDP 和人民生活水平这两个关键指标。2002 年，IMD 的指标体系包括 8 大要素共 314 个指标。诸多指标中，2/3 的指标可以直接通过各种统计系统获得，另外 1/3 的指标需要通过调查问卷获得，以统一的方式对数据进行标准化和加权，进而计算各个要素的表现和国家经济的竞争力环境指数，据此对国家经济进行排名，同时识别对每个国家的竞争性环境影响最大的前 20 个影响因素。该评价体系也是不断变化的，如 2003 年就对之前的 8 大要素进行了调整，将它们归并为 4 个方面：经济表现、政府效率、商务效率、基础设施，每个方面又包括 5 个子要素，同时还特别增加了一些经济表现非常突出的区域，如中国的浙江。2021 年，IMD 评价了全球 64 个主要国家和经济体的竞争力排名，中国位于第 16 位。IMD 的国家竞争力测评指标体系很复杂，但是，它在一定程度上可以帮助我们识别一些和竞争力有关的区域因素。

WEF 的《全球竞争力报告》采用了两套指标体系：①微观经济竞争力指数，它在 2002 年之前被称为当前竞争力指数，也即现状指数，它使用微观经济指标评价当前的制度、市场结构和经济政策；②经济增长竞争力指数，反映维持中期（未来 5 年）高增长率的制度和经济政策的组合的全球竞争力。该报告认为，"稳定的环境和正确的宏观经济政策是必要的，但不足以保证经济的繁荣"，"国家在人均 GDP 之间的差别的大部分原因是微观经济的差别"，"在大部分宏观经济政策正确的发达国家，微观改革是改变失业问题和把经济增长转化为不断提高的生活水平的关键"。微观经济竞争力指数使用一般的因子分析，其中 3/4 的数据来自调查获得，1/4 的数据来自统计数据。经济增长竞争力指数侧重动态的评比，注重一国未来 5～10 年的经济成长潜力，采用显著性比较分析和回归分析，识别出与经济竞争力有较强因果关系的因素。

2）区域竞争力的研究。对区域竞争力的研究，部分学者采用多种因素综合作用进行研究，部分学者则只针对某个特定影响因素进行研究。如在区域层次，通过多种因素综合研究对有着相似结构或自然资源禀赋的区域进行比较以识别关键影响因素。2002 年，威尔士发展机构与巴克莱（Barclays）银行合作发布了一篇《与世界竞争》的报告，该报告，对 15 个区域进行了研究，其中 10 个区域在欧共体内部，试图找出影响竞争力的一般因素，但最终发现在每个区域都出现的一般性成功因素只有很少的几个。1997 年，Ernst 和 Youn 研究了米德兰东西部和欧洲其他区域共 12 个地区的竞争力，采用"区域竞争力多维基准标定模型"，选择了影响区域竞争力的大量投入和产出因素共 55 个指标，然后通过打分来确定其相对重要性，继而进行评价（Ronald，2003）。硅谷网络建立了一套含有 6 大因素的指标体系，比较了 10 个高技术中心的园区竞争力情况，结果表明研究机构支出、专利、首次公开募股、风险资金的可获得性、高科技企业集群对高技术中心的竞争力影响较大。ECORYS－NEI 则从区域结果、区域产出、区域生产、区域竞争力等方面衡量了西北欧 40 多个区域的投资环境。部分学者对区域竞争力的某个特定影响因素进行了研究，如集群、制度、产业结构、外国直接投资、创新情况等。Porter 选取了美国 60 多个贸易型的集群，研究结果发现这些集群劳动生产率很高，大约是美国其他非贸易型集群的两倍。但也有相反的结论。如 O'Malley（2000）研究了爱尔兰的竞争力，研究表明集群的确降低了交易成本，但这些集群在国际上并没有特别大的竞争力，相反，那些在国际上具有竞争性的比较知名的爱尔兰企业却并不属于某个集群，他将这些企业的竞争力归因于劳动力、基础设施以及其他投入成本等。Florida（2000）在人力资本增长研究的基础上对美国的大都市区域进行了回归分析，发现技术、人才、多样性之间存在着较为复杂的"三角关系"，收入和人才的流动之间存在明显的因果关系。Sjoerd（2005）对 54 个欧洲地区的研究表明网络关系的存在以及对这些关系网络的积极参与可刺激区域经济的增长。Moers（2002）对中东欧国家的研究表明当宏观经济达到一定的稳定程度时，制度环境就成为经济增长的最重要的决定因素，他认为这个结论也适用于发达国家。知识和创新无疑是经济发展的一个很关键因素，尤其是在区域层次上，因为地理上的分离更突出了发展的差异。OECD（1999）研究发现企业的创新是由其环境决定的，会同时受制于人力资本、合作伙伴、顾客、竞争对手、制度、法规、知识基础设施等因素。芬兰和瑞典的创新值得关注（Cooke，2003），这两个国家为了节约成本，采用新的治理机制，降低大型国际性企业的实验室规模，而更多地利用公共设施，将政府的政策、大学研究和产业创新进行紧密的联合，并且邀请高级政府官员加入。Cooke（2003）指出公有部门既是鼓励者，又是部分资助者，强调高等教育机构的作用。Cantwell（2000）建立了一个技术优势指数，发现对内投资通过输入创新技术可以提高区域竞争力，但是，他强调这种提高只在已经具备优势条件的区域出现。Guerrero（1997）认为外国直接投资所产生的良性和恶性循环影响都存在。

3）城市竞争力的研究。和区域竞争力的研究相似，诸多学者要么是把城市竞争力当作是多种因素综合累积作用的结果，要么是针对城市竞争力的某个特定影响因素进行研究，与区域竞争力不同的是部分学者增加了对城市竞争机制的研究。

Peter（1999）认为影响城市竞争力的指标主要有制造业增加值、商业服务收入、商品零售额等，影响因素有经济因素和战略因素，经济因素主要包括常规的影响经济发展的那些因素，如生产要素、区位、基础设施、经济结构等；战略因素包括政府效率、制度灵活性、公私部门合作、城市战略等。Dennis（1997）提出了影响城市竞争力的因素，包括大都市地区的国际竞争力、当地城市环境（用国际贸易和国际投资等商业活动来表示）、国家因素、对国际贸易条约的依附程度、当地企业和产业的国际竞争力等。Iain Begg（2004）从企业运营成本、间接成本（主要指当地的环境如企业集群）、政府政策和治理因素四个层面分析城市竞争优势的来源。Putnam（1993）较为新颖地提出"社会资本"对于竞争力的影响。"社会资本"可以包括诸如信任、社会关系网络、伦理等方面，这些社会因素通过合作而改进经济效率或者通过鼓励投资、崇尚竞争和持续进取等类似的精神资源来提高城市竞争力。Markusen（1996）认为，一个城市具有竞争力的关键在于这个城市能否在保留已有的人才和投资的同时吸引更多的投资和人才。Leo & Erik（1999）则认为一个城市的竞争力大小很大程度上取决于城市的发展阶段。

（2）国内研究现状

国内区域竞争力的研究从 20 世纪 90 年代初开始，也是表现在区域研究的不同，由国家到地区（省、区、县、城市群等），实证研究和案例研究逐渐增多。

1）国家竞争力研究。国内对此方面的研究主要参考的是 WEF、IMD 两个组织的理论和评价方法。1993 年，我国的部分数据纳入了《全球竞争力报告》。1996 年，国家成立中国国家竞争力研究课题组，每年对中国国家竞争力进行一次评价，但尚未建立数学模型来对国家竞争力进行定量分析。1991 年，狄昂照、吴明录提出经济活力、财政活力、工业效能、自然资源、人力资源、对外经济活动活力、国家干预、创新能力 8 大方面的因素决定了一个国家的竞争力，并依据这些因素设计出评价指标体系，对亚太地区 15 个国家和地区的竞争力进行了评价比较。张金昌（2002）、王与君（2000）等也对国家竞争力进行了研究。

2）区域竞争力的研究。除了国家竞争力的研究，部分学者开始对国内某些地区（省、市区、县等）的区域竞争力进行了研究。

伊玉龙（1998）沿用 IMD 的 8 大指标体系，结合我国的国情和地区间特点，将指标由 200 多项减少到 16 项，评价了我国各省市区的经济竞争力，相关成果发表在《经济日报》的《全国各省市区经济竞争力谁执牛耳》一文中。同年，深圳综合开发研究院华南及深港经济研究中心尝试对京九沿线各地区综合竞争力进行实际测算。王秉安（2000）使用加权综合法，立足于省级区域竞争力，建立了七大类别 69 项指标的评价指标体系，对省级区域竞争力进行理论和实证分析。甘健胜（2002）采用多目标层次分析法进行了区域竞争力的评估排序。张为付（2002）、倪鹏飞（2003）、黄宏亮（2003）等均对长三角、珠三角和京津唐地区采用不同的评价体系进行了比较研究。此外，部分学者只针对某个特定影响因素进行研究，如盖文启（2002）研究了区域内的产业在集聚过程中的知识创新、转移和扩散。

3）城市竞争力的研究。倪鹏飞（2001）在 Peter 的研究模式和方法上提出了城市竞争力的显示性框架和解释性框架，基于城市弓弦箭模型，使用主成分分析法对我国有代表性的 24 个城市进行了评价和排名。连玉明（2003）借鉴了 IMD 和 Porter 的理论，建立了适合 WTO 背景下中国城市竞争力"价值链模型"。郝寿义（1998）、宁越敏（2001）均是在 IMD 八大指标体系的基础上有所改善，将该指标体系应用于城市，从而进行城市竞争力评价。于涛方（2004）在影响因素划分上较有新意，将影响城市竞争力的因素分为外部环境因素、内部能力因素和内部资源因素。

从以上分析可以看出，关于国际、国家层面的竞争力理论研究较多，区域层面的竞争力理论研究并不多，区域层面的多实证研究。无论何种层面竞争力的研究，在评价指标和体系建设上尚无统一的标准。

2.3 区域高质量发展研究

2.3.1 高质量发展的提出

2017 年，中国共产党第十九次全国代表大会首次提出"高质量发展"的新表述，这同时也表明我国经济由高速增长阶段转向高质量发展阶段，这是一个极为重要的时代课题。党的十九大报告中提出的"建立健全绿色低碳循环发展的经济体系"为高质量发展指明了方向。中国特色社会主义和经济发展同时进入了新时代，推动高质量发展，既是保持经济持续健康发展的必然要求，也是适应我国社会主要矛盾变化和全面建成小康社会、全面建设社会主义现代化国家的必然要求，更是遵循经济规律发展的必然要求。

质量与速度是辩证统一的，高质量发展注重发展的"量"和"质"，既要保证一定的发展速度，还要保证发展的质量。和传统发展比，高质量发展有以下几个转向：从关注经济规模和增长过程转向关注增长的结果和增长的效益；从关注经济增长一个维度转向关注生态环境、社会公平、经济发展等多个维度；从片面重视高增长产业转向关注产业协同发展、构建现代化产业体系；从关注经济增长的要素投入转向关注要素生产率的提升和要素优化配置；从关注 GDP 转向关注以人民为中心的各项制度安排和城乡区域之间的协调发展。总而言之，高质量发展追求更充分更均衡的发展，并需在更高水平上实现供给和需求的动态平衡。

2.3.2 高质量发展的内涵

深刻认识和理解高质量发展的内涵，可为相关政策的制定和实施提供更加精准的依据，推动我国经济在高质量发展上不断取得新进展。具体来看，可从以下几个层面理解高质量发展的内涵。

（1）高质量发展是适应经济发展新常态的主动选择。随着我国经济的发展，越来越多的区域开始遵循经济规律，主动适应新形势、新常态，区域经济发展不能再简单地以 GDP 论英雄，而是更加注重创新驱动，由创新来推动我国经济的高质量发展。

（2）高质量发展是贯彻新发展理念的根本体现。党的十八大提出了"创新、协调、绿色、开放、共享"的新发展理念。为了满足人民日益增长的美好生活需要的发展，区域必须把创新作为第一动力，让协调成为内生特点，使绿色成为普遍形态，实现以开放为必由之路、以共享为根本目的的发展。

（3）从宏观层面理解，高质量发展追求的是经济增长稳定，区域城乡发展均衡，以创新为动力，实现绿色发展，让经济发展成果更多更公平惠及全体人民。因此，其一表现就是增长的稳定性。在推动经济高质量发展的同时，保持速度和规模的优势依然重要。高质量发展意味着必须保持经济增速稳定，不能出现大起大落的波动。其二表现就是发展的均衡性。在高质量发展进程中，经济发展的速度依旧重要，但是强调在更加宽广领域上的协调发展。如国民经济重大比例关系要合理，实体经济、科技创新、现代金融、人力资源要协同发展等；经济发展要从规模速度型向质量效率型增长，从粗放增长向集约增长转变，推动经济发展向结构更合理、附加值更高的阶段演化；城乡区域发展上要更加注重城乡之间、区域之间的均衡发展。其三表现就是环境的可持续性。绿色发展理念为高质量发展提供了更加丰富、广泛的内涵。高质量发展要求我们要提供更多优质生态产品，满足人民日益增长的优美生态环境需要。其四表现就是社会的公平性。要兼顾生活、生产与生态，把增进民生福祉作为发展的根本目的，形成有效社会治理、良好社会秩序，促进社会公平正义。

（4）从产业层面理解，高质量发展要求产业布局优化、结构合理，不断实现转型升级，并显著提升产业发展的效益。其一表现就是产业规模要不断壮大。不断完善现代农业、先进制造业、现代服务业等，形成健全的现代产业体系。其二表现就是产业结构要不断优化。一二三产业结构要日益合理，并且不断深化融合发展。其三表现就是创新驱动转型升级。创新是增强竞争能力的核心要素，是建设现代化经济体系的战略支撑，是增强国家竞争力的需要。高质量的创新发展可在现代供应链、人力资本服务、中高端消费、绿色低碳、创新引领等方面培育新的增长点、形成新动能。其四表现就是质量效益要不断提升。这是产业转型的重点，要以最小的质量成本产出最大的质量效益，并不断提升产业可持续发展的能力。

（5）从企业经营层面理解，其一，高质量发展要求企业要具备国际影响力，要在国际企业中具有举足轻重的行业地位，具有一定的规模实力、品牌影响力等，在行业规则、行业标准制定上有话语权，可以成为行业的整合者；要有国际竞争力，能够跨越多个经济周期，在公司治理、人才队伍建设、风险防范、管理水平、经济效益等方面始终保持竞争优势；要有国际带动力，要成为行业发展和变革的引领者，拥有技术、制度、商业模式、管理等方面的创新，在产业培育与孵化上具有前瞻性、导向性和指引性。其二，高质量发展要求企业保持产品质量的可靠性与持续创新，要建立大量具有世界影响力的品牌，弥补部分高端品牌的不足，打造出如"德国制造"那样的整体影响力。其三，高质量发展要求企业要顺应消费个性化、多样化发展的大趋势，努力增加高品质商品和服务供给，在产品细节、做工、创新、性能上多下功夫，形成具有全球影响力的知名品牌。要有先进的质量管理方法和技术基础，如认证与检测、标准与计量等先进技术手段和现代质量管理理念，全面提升企业的质量和效益，形成具有中国企业特色的质量管理体系。

2.3.3 高质量发展研究现状

在党的十九大未提出高质量发展概念之前，诸多学者主要用经济增长质量衡量发展质量（Popkova，2010；随洪光，2013；Qi，2016），高质量发展概念提出之后，相比而言，已有研究的理论内涵及外延明显不足（Fan，

2016；Meeta，2020）。已有的针对高质量发展的研究可归结为以下几个方面：①关于高质量发展内涵特征的研究（赵剑波，2019；白谨豪，2020）。②关于高质量发展作用机理的研究（金碚，2018；陈昆亭，2020）。③关于高质量发展提升路径的研究（王一鸣，2020）。上述三个方面已有成果多为定性分析，涉及定量的探讨较少（文献占比为 7.62%）（杨传明等，2022）。④关于高质量发展与生态保护的耦合协调发展研究，如徐福祥等（2022）在理解黄河流域生态保护和高质量发展战略内涵的基础上，对黄河流域各省（区）生态保护和高质量发展治理水平进行了测度与评价，评价指标包括生态保护、区域高质量发展、人水关系调节、环境综合治理、黄河文化复兴五个子系统的评价指标体系，模型选用的是熵权法的 TOPSIS 模型；孙斌等（2022）就黄河流域高质量发展的载体：城市群与生态保护协同发展进行了研究，以黄河流域 7 个城市群为研究对象，建立体现城镇化高质量发展与生态保护耦合的评价指标体系，基于 58 个样本城市 2000—2019 年的面板数据，选用熵值法、耦合协调度等模型，分析了城市群城镇化与生态保护耦合协调状况。可以看出，该部分成果多以定量研究为主。

已有分析可以分为综合指标研究和单一指标研究两类。采用综合指标进行研究的，比如刘亚雪等（2020）、吴志军和梁晴等（2020）运用主成分分析法、熵权法、神经网络分析法等进行综合研究，从研究角度上可以将已有研究划分为三种类型：①高质量发展增长型评价，如毛艳等（2020）从经济增长稳定性、经济增长结构、经济增长福利分配等方面构建指标、进行评价；②高质量发展内涵型评价，如任保平等（2018）、张军扩等（2019）从政治、经济、文化以及社会主要矛盾等角度理解高质量发展内涵，并据此构建相关指标体系；③高质量发展理念型评价，如王永昌和尹江燕（2019）、刘洁等（2022）基于新发展理念设计了五维评价体系。单一指标研究如余泳泽等（2019）利用劳动生产率、贺晓宇等（2018）利用全要素生产率、廖祖君和王理（2019）利用人均 GDP 等进行分析。

由上述分析可以看出，当前对于高质量发展的研究已经积累了一定成果，而且研究热度具有较高的增长趋势。在已有研究中，不同区域尺度的研究较多，定性研究也较多，定量研究中存在的问题就是无法保证一个统一的指标体系，因为高质量发展具有多维性，单一指标无法保障评价的全面有效性，综合指标体系则各有偏向，有些侧重评价经济"增长质量"，与"发展质量"有所偏差。因为当前学术界对于高质量发展的概念内涵、外延及特征认识也尚未统一，所以使得内涵评价型体系侧重差异较大。发展理念型评价可以指明方向，可有效确保评价的平衡程度及研究深度，但总体属于广域性价值判断，发展理念间关联度、协调度、耦合度关注不足，在具体实证测度中，尚存在部分数据获取困难、指标操作性较差、客观赋权动态性缺失等问题，并多集中于评价短时间的全国或省份发展状况，今后力争能统一评价指标体系，使得数据来源也具有一致性和对比性，评价指标体系也应尽可能全方位和多角度，并且要进行长时间序列的评价研究。

3 区域高质量发展影响因素分析

区域高质量发展的影响因素分析是区域高质量发展研究的重要内容，对完善和丰富区域高质量发展理论体系，构建区域高质量发展评价指标体系，培育区域竞争优势都具有重要意义。关于区域竞争力或高质量发展的影响因素，理论上应该是多方面的，因此，借鉴已有研究成果，采用系统论的方法进行梳理，识别和分析影响区域高质量发展的因素，以指导区域高质量发展评价指标体系的建立。

3.1 区域高质量发展影响因素的理论推导

从前述章节的分析可以看出，区域高质量发展可以看作是区域竞争力在我国的进一步延伸，因此，影响区域高质量发展的因素也包括区域竞争力的影响因素。区域竞争力和区域高质量发展都属于综合性的概念，对其的理解角度可以多样，不同的思想流派有不同的看法。尽管传统的经济理论很少直接论及区域竞争力或者区域高质量发展的影响问题，但很多经典的思想也包含对这一问题的理解。各理论关于区域高质量发展的影响因素分析总结见表 2-3-1。

表 2-3-1 传统经济理论对区域高质量发展影响因素的分析

理论名称	有关区域高质量发展的影响因素
古典经济学理论	贸易 资本的投入 技术的改进
竞争优势理论	资源（如自然资源、人力资源、资本和技术） 环境（包括政治、社会、经济、技术等环境） 能力

（续）

理论名称	有关区域高质量发展的影响因素
发展经济学理论	外国直接投资
	政府行为
区域经济学理论	区位条件
	制度
	集聚
	文化环境
	创新
增长经济学理论	创新
	R&D 支出
	知识的有效扩散
	教育水平
	政府政策
	对人力资本的投资（如培训、学校教育等）
新贸易理论	专业化的基础设施
	熟练劳动力
	本地化技术
	供应商网络
新制度经济学理论	制度
新金融发展理论	资本配置效率
	储蓄率
企业经济学理论	企业的管理和技术水平

（1）古典经济学理论对区域高质量发展影响因素的分析

古典经济学理论以亚当·斯密的比较优势理论、大卫·李嘉图的相对优势理论、赫克歇尔-俄林的自然禀赋理论等为代表，古典经济学理论强调生产要素对一个区域高质量发展的影响。不同区域的资源禀赋不同，如土地、劳动力、自然资源和资本等资源均不同，而这些生产要素都是生产所需的基本投入品。对资本的投入能促进劳动分工进而提高劳动生产率。贸易是经济增长的引擎，有利于区域竞争力的提高。因此，若某个区域在上述生产要素方面具有相对优势，则比较有利于其竞争力的发挥，要比别的区域具有更大竞争力。

（2）竞争优势理论对区域高质量发展影响因素的分析

竞争优势理论强调影响因素的组合而形成的竞争优势。而对竞争优势的来源则有两种观点，竞争优势的环境学派认为竞争优势来自竞争主体所处环境的机会和威胁，区域竞争优势主要通过竞争主体对外部环境中出现的机会的把握情况而定。该种观点以美国哈佛大学商学院教授波特的国家竞争优势理论为代表，他认为国家竞争力是由四个主要因素和两个辅助因素共同决定的。四个主要因素分别是生产要素，需求状况，相关产业和支持产业的表现，企业战略、结构和竞争对手，辅助因素是机遇和政府。竞争优势的资源和能力学派则认为，信息社会区域环境变数加大，全球化使竞争主体对所直接存在的环境的依赖性逐渐减弱，区域内部特殊资源的培育和能力的建立是区域获得竞争优势的关键。竞争主体所特有的资源和能力是其竞争的优势，这一优势很难通过模仿取得，并且区域还有不断产生这种资源的内在动力。其实，很容易看出，这两种观点是互补和相互完善的，区域高质量发展影响因素既包括环境因素，也包括区域内部的资源和能力因素。

（3）发展经济学理论对区域高质量发展影响因素的分析

发展中国家的经济发展和增长问题是发展经济学的研究对象，因此它分析的主要是落后地区区域竞争力的情况，其中后发优势理论具有较强的借鉴意义。后发优势理论认为，区域的后发优势是落后地区区域竞争力的主要来源；外国直接投资、政府行为、市场机制、发展战略、教育投入等这些建立在后发优势基础上的各因素是提高区域竞争力的重要手段。

（4）区域经济学理论对区域高质量发展影响因素的分析

区域经济学理论较为强调区位的重要性，重点围绕完备市场条件下影响区域经济发展的条件进行分析，这些条件可以单一，也可以多种，并逐渐向综合因素研究演进。总体而言，区位论重点强调运费、劳动力和集聚等区位因素的分析，以追求最小生产成本为最优区位选择的条件，并以此来进行产业的优化配置。增长极理论偏重于研究区域经济发展过程，比较强调区域发展过程中产业和经济活动的空间集聚对于区域发展的重要影响，也即集聚经济的影响，集聚可以在某种程度上降低生产成本，促进生产率的提高和技术的进步，由此能够吸引更多的产业和劳动力到此布局，进而影响区域内的空间结构。有别于上述区域经济学理论，新区域发展理论强调制度和文化的重要性。该理论还有一点分析值得推崇，它认为在信息时代、技术时代、全球化时代，区域的高质量发展不仅取决于其静态的相对成本优势，更取决于其动态的创新能力，同时它又指出，区域动态的创新能力与特定的区域环境以及该环境下的学习创新过程息息相关。

（5）增长经济学理论对区域高质量发展影响因素的分析

增长经济学理论认为和自然资源相比，知识、技术和人力资本更能决定一区域的高质量发展。其解释为自然资源可随时间的推移而逐渐枯竭，而且随着时代的发展和产品附加值的提高，贸易中原材料的比重会不断下降，而人力资本的重要性会逐步上升。该理论还认为，知识和资本均为生产要素，且知识积累是经济增长的主要源泉。当今全球化的到来以及贸易环境的开放，可以加速全球先进科学技术和知识在区域内的传播，加速人力资本在区域内的流动。此外，增长经济学理论还强调政策对经济增长的重要作用，因为人力资本、知识和技术的获得都是需要通过教育、研发等工作的投入来实现的，因此需要相关方面政策的支持，如支持教育、增大教育和研发支出、保护知识产权等，这些政策将有助于维持经济的长期增长。

（6）新贸易理论对区域高质量发展影响因素的分析

新贸易理论重视规模报酬递增规律，认为这是专业化大规模生产和国际贸易造成的，强调提高生产效率，而技术、规模报酬递增、集聚以及制度创新的战略行为可以影响生产效率，因此，新贸易理论认为可通过上述因素获得区域的比较优势，而不依靠传统理论中的自然的或天赋的资源优势，而且该理论强调如果规模经济的发展达到一定速度，它会影响比较优势或先发优势的发挥，因此影响规模经济快速实现的因素是很重要的，比如熟练劳动力、本地化技术、专业化的基础设施等，这些因素的改善或投资都能促进规模经济的实现，进一步提高区域经济的竞争力。

（7）新制度经济学理论对区域高质量发展影响因素的分析

新制度经济学理论强调制度安排和合理的经济组织对经济增长的促进作用，认为制度变迁才是经济增长的根本源泉，把创新、教育、资本积累、规模经济等因素看作是增长本身而不是增长的源泉。该理论认为制度可以确定竞争规则，提供人类相互影响的框架，从而构成一种社会特别是构成了一种经济秩序。制度结构在静态上决定经济实绩，而制度变迁则是长期经济增长的源泉。因此，有利的制度形式可以推动区域经济的发展，从而促进其竞争力的提高。

（8）新金融发展理论对区域高质量发展影响因素的分析

20 世纪 90 年代，以 R. Levine 等为代表的一些经济学家采用最优化方法在内生增长理论的基础上重新分析了金融在经济发展中的作用，由此形成了新金融发展理论。该理论将经济增长的源泉分为"量"和"质"两个方面。"量"是资本投入量的增加，其来源于国民储蓄，因此，经济增长量取决于储蓄率的高低；"质"是资本配置效率，追求资金投入与高效率项目的配合，由此提高资本配置效率。总结一下，即区域的储蓄率和资本配置效率是影响区域经济增长的不可忽视的因素（Pagano，1993）。

（9）企业经济学理论对区域高质量发展影响因素的分析

企业经济学理论认为，除资源条件外，工业部门的竞争程度、工业的管理经验、工业基础设施的完善程度均可以影响区域的高质量发展。区域竞争力的高低主要取决于工业的实力，而工业的实力又取决于企业的状况。所以，要想保证区域高质量发展，必须提高企业的管理和技术水平。

3.2 区域高质量发展影响因素实证研究归纳

3.2.1 国家高质量发展方面的影响因素

世界经济论坛（WEF）强调一个国家在政府、开放程度、基础设施、金融、管理、技术、劳动、法规和社会文明等方面的实力是推动国家经济持续增长的基础，也是构成国家竞争力的重要因素。早期，瑞士洛桑国际管理发展学院（IMD）将国家竞争力的影响因素归纳为经济活力、资源利用、市场趋向、工业效率、人力资源、国家干预、金融活力、国际化倾向和社会政治稳定性等几个方面；1991 年之后，又将影响因素归并为八大类：政府管理、科技水平、经济实力、国际化度、国民素质、基础设施、金融体系和企业管理；2003 年，进一步将国家竞争力的影响因素调整为四大类：基础设施、经济绩效、政府效率、商务效率，这四个要素又分别包括了五个子要素，基础设施下含基础性、技术性、科学性三个方面的基础设施以及教育和健康与环境；经济绩效下含经济实力、国际贸易、就业、物价、国际投资；政府效率下含公共财政、商务法规、财政政策、机构框架、社会框架；商务效率下含生产力、金融、劳务市场、管理实践、态度与价值。OECD（2001）在其研究报告"The New Economy：Beyond the Hype"中提出了五类与经济竞争力有较强因果关系的因素：人力资本、信息通信技术、创新和技术扩散、创业精神、宏观层次因素。英国贸易和产业部于 1999 年首次出版了《英国竞争力指标体系》，该书提出了五大影响因素：投资、创新、技能、企业和竞争性市场（DTI，1999）。

3.2.2 区域高质量发展方面的影响因素

European Commission（2001）认为区域竞争力最主要的影响因素是：人口统计特征、就业率、由固定资产形成总额衡量的期间投资、行业就业集中度、对知识经济资产的投资、教育水平、基础设施、创新和研究、技术发展。2002 年，威尔士发展机构与巴克莱（Barclays）银行合作发布了一篇《与世界竞争》的报告，该报告将区域高质量发展的影响因素总结为四个方面：建立在企业有意识地创造国际竞争优势基础上的专业化、当地经济的较强的国际化取向（以贸易和/或投资为尺度）、长期奠定和根植的文化、政府或区位因素、公共和私营部门在连续一段时间内集中于小范围的用以加强区域内部实力和能力的经济发展活动。英国贸易和产业部（DTI，2004）从五个方面分析：教育和培训、整体竞争力、资本和土地、劳动力市场、基础设施。ECORYS-NEI（2001）认为影响区域竞争力的决定因素首先是生产要素，如劳动力、资本和土地，其次是区域投资环境的制约因素，如基础设施和可达性、人力资源和生产性环境，而这些主要因素又会受到制度、技术、国际化、人口特征、场所的质量和环境等软因素的影响。Putnam（1995）、Gordon 和 Cheshire（1998）、Sjoerd（2005）、Andrew（2006）都特别强调社会资本和制度环境对区域竞争力的影响。

自党的十九大提出高质量发展的表述之后，国内一些学者开始在区域竞争力的基础上研究区域的高质量发展，如徐福祥（2022）认为生态保护、环境综合治理、人水关系调节、区域高质量发展、黄河文化复兴五个方面的因素可以影响黄河流域的生态环境保护和高质量发展。杨传明（2022）将影响长三角城市群高质量发展的因素构建为协调发展、绿色生态、经济运行、创新效率、民生共享五个方面。孙斌（2022）从环境压力、生态状态、环境响应三个方面研究了城镇化与生态环境的耦合。还有部分学者就高质量发展的某一方面进行了研究。黄娟等（2020）发现对中部地区外商直接投资影响最大的因素是集聚程度，其余依次是基础设施建设、经济发展水平、市场规模、人力资源、产业结构、劳动力成本。王中亚（2020）对中部地区对外开放竞争力进行了实证研究，结果表明竞争力较强的省份为湖北和安徽两省，河南省和山西省对外开放竞争力不强；安徽省和江西省的经济开放度处于相对领先位置；湖北省的技术和社会开放水平均居首位。樊新生等（2004）研究发现，中部地区在涉外能力、经济管理水平、经济实力、科技竞争力、国民素质和基础设施等方面的竞争力弱于东部地区，其中涉外能力与沿海地区差距最大，具体可表现为利用外资强度和对外贸易方面。齐天峰（2020）对中部地区的旅游经济发展水平进行了评价，结果显示在中部地区六个省中，旅游经济发展水平最高的是河南省，其次是湖北省、湖南省、安徽省、江西省和山西省。苗玉宁等（2020）研究了中部地区的科技资源配置状况，研究结果表明，科技资源配置效率以长江经济带为界，向南向北分别呈下行阶梯式分布，依次递减，居于阶梯首位的是湖北省和安徽省，其次是湖南省和河南省，最后是江西省和山西省，总体上讲南方省份优于北方省份。徐伟等（2020）分析了中部地区城市经济关联情况，结果表明郑州、武汉、长沙等城市与其他城市间的经济关联度显著；与城市群城际间的经济联系相比，各城市群内部经济联系总量较大；城市群对外吸引强度高于辐射强度；城市群网络密集程度不高。王磊等（2018）研究了中部地区城市群多中心结构的增长效应，结果显示城市群人口空间结构由单中心向多中心转变，对经济增长的影响呈倒 U 形；产业布局的空间集中有利于城市群的经济增长。王中亚（2020）从区域比较角度对标高质量发展要求，研究了河南省制造业发展存在的问题，与全国先进地区相比，问题主要表现为创新能力偏弱、产业链偏短、生产效率偏低、大而不强、资源依赖度偏高等；与中部地区省份相比，河南省制造业整体实力优势较为突出，提质增效空间较大，但产业结构相似度高，结构趋同现象明显。乔雅君（2010）研究发现河南省与其他中部省份相比，第三产业发展相对滞后，产业增加值及就业率较低，整体就业结构偏离度较高。

4 区域高质量发展的测评指标体系和方法研究

4.1 已有区域高质量发展评价模型的分析与比较

在已有区域竞争力评价模型中，有的学者是从竞争结果方向来评价，有的是从竞争力影响因素方向来评价。从竞争结果方向来评价的有 Peter（1995，1999）、倪鹏飞（2001）的城市竞争力评价模型和丁力（2000）的经济增长加速度评价模型。从竞争力影响因素来评价的，较典型的有 IMD 及 WEF 的国家竞争力评价，王秉安（2003）、深圳综合开发研究院等的区域竞争力评价指标体系。两个方向的区域竞争力评价模型利弊皆有，以竞争结果为基础的评价模型计算简单，可以直接反映区域竞争力的大小，但却无法详细揭示区域竞争力的影响因素。以竞争力影响因素为基础的评价模型主要差异在于评价指标体系的设计多样，无法统一，因此不同研究间结果的可比性较差；但无论如何，它可以在一定程度上指出各个影响竞争力的因素，同时清晰地指出影响竞争力较为明显的制约因素，从而有针对性地提出改善对策；另外尽管区域竞争力评价指标体系不统一，但是却可以因地制宜，根据数据获取情况反复修改和完善，因此被广为应用，评价结果也清晰明了，可以在一定程度上达到评价的目的。

4.2 已有区域高质量发展评价方法的分析与比较

已有研究主要采用的是综合评价法。综合评价法将区域高质量发展视为一个包含多层次、多因素的综合系统，首先根据区域实际情况确定评价指标体系，继而再采用各种评价方法综合考虑多个指标对区域高质量发展的影响。总体而言，在实际应用中，综合评价法是一种比较可取的方法，该方法考虑因素广泛，研究结果较有针对性，数据的获取较为灵活，且综合评价研究方法较为成熟，实证研究很多。实际运用到的综合评价法包括以下四种。

4.2.1 运筹学方法

该种方法主要指数据包络分析法（DEA），采用数学规划方法，对区域的生产有效性（区域的投入规模有效性和技术有效性）进行评价，以区域投入产出的相对效率作为评价的依据。该种方法具有以下缺点：DEA 模型大都是针对单系统而建立的，对复杂系统还不适用；要求决策单元个数不应少于输入输出指标个数总和的两倍；没有对指标权重的取值范围加以限制，从而影响决策效果。另外该种方法对数学水平要求比较高，难以推广。该种评价方法也是基于竞争结果的评价，没有从评价对象内部挖掘影响竞争力的因素，难以用于指导竞争力的提升。

4.2.2 统计分析方法

该种方法包括常用的统计方法如主成分分析、因子分析等。统计分析方法可以充分利用评价主体数据提供的信息，客观地赋予各指标的权重系数，从而使得分析既具科学性又具可操作性，而且统计分析方法可以洞察原始变量相关矩阵的内部结构，将影响某个经济过程的几个不相关的综合指标进行数学表达，认识指标与指标之间存在的相关关系，而且无需主观地确定指标的权重。该种方法需要有大量样本的支持。

4.2.3 层次分析法

该方法针对多层次结构的系统，用相对量的比较，确定多个判断矩阵，取其特征根所对应的特征向量作为权重并进行权重排序。与专家简单确定权数方法相比，该种方法有所改进，可靠度会高一些，误差也会小一些，但依然具有较强的主观性，在实际操作中会受到诸如评估对象的多样性、评估主体专业水平、偏好的影响，评估主体难以准确地判断各因素之间的相对重要程度等影响，造成构造的判断矩阵一致性较差。另外，层次分析法的层次之间具有支配和影响作用，而同一层次之间是相互独立的，这种假设限制了其在复杂系统中的应用。另外，层次分析法需要多方面专家参与，运用时成本较高。

4.2.4　ANP方法

1996年，美国匹兹堡大学著名教授 Thomas L. Saaty 在 ISAHP-IV 会议上提出了 ANP 的理论与方法，该方法较层次分析法有所完善，因为它不仅考虑了系统层次内部元素之间的依存关系，而且考虑了不同层次间的反馈影响，权重是通过两两指标之间直接优势度和间接优势度的比较来确定的，避免了层次分析法中指标之间的独立性，考虑了指标之间的相关性，能更准确地描述指标之间的联系，比较适合应用在复杂决策问题中。

4.2.5　竞争力指数评价方法

该种评价方法较为常用，较早由陈体滇（2002）提出，该评价方法可以进行时空差异分析，评价结果可以反映竞争群体的水平以及水平的变化，从而进行排序。此种方法计算非常简便，思路清晰，通过排序可以明了竞争力的差异情况，想要了解具体的差距还需结合真实数据进行分析，指数结果无法给出直接的差距大小。

每一种评价方法均有各自的适用范围和相对优缺点，实际使用中，应根据区域具体情况而有选择性的使用。系统论认为，系统的整体功能既取决于系统中各要素的强弱，又取决于系统中各要素间相关度的大小。因此，竞争力指数评价法能体现系统的整体强弱，在研究中，可以有意识地注意系统中各要素间的耦合强度，也即相关度，由此可以更好地评价区域高质量发展，因此，本书选用的评价方法为竞争力指数评价方法。

4.3　区域高质量发展测评指标体系研究

区域是一个复杂的巨系统，对其进行评价不能单靠一个或几个指标，往往需要建立科学合理的指标体系，这是处理各种评价问题的前提。除了借鉴已有国内外成果，指标体系的建立还需考虑以下几个方面。

4.3.1 区域高质量发展测评指标体系建立原则

(1) 科学性

科学性是进行指标评价必须遵守的最基本原则。指标体系的建立要有一定的理论基础，每个指标的选取要有一定的依据，且具有确定的经济内涵和意义。

(2) 完备性和代表性相结合

评价指标体系要尽可能多地，能够较为全面地、完整地反映和测度评价对象。区域高质量发展的影响因素复杂多样，不同因素之间还可以相互作用和关联，在设计指标体系时，必须系统地、全面地考虑各种影响因素，同时还要采用多个指标不同角度度量，但指标选择也不能一味过多，过多的指标也会影响关键因素的作用体现。因此，在全面分析的基础上，要抓住影响区域高质量发展的主要方面和本质特征，选择有代表性的最能反映区域高质量发展特征和水平的因素及指标，兼顾指标体系的完备性和代表性。

(3) 系统性

区域高质量发展是一个复杂的多因素系统，因此需遵循系统论观点，处理好部分与整体、各指标体系和系统目标之间的关系。区域高质量发展的测评不但应从各个层次、各个角度反映区域的特征和状况，而且还要体现区域高质量发展的变化趋势及发展动态。

(4) 创新性

区域的尺度是多样的，因此在进行评价时，需要根据区域实际情况进行大胆创新，设计出一些能够反映区域高质量发展本质特征的指标。

(5) 可操作性

区域高质量发展测评必须考虑数据的可获得性，要根据数据的情况适当细化或者简化指标体系。除了数据的可获得性外，还要考虑指标的量化、数据获取的难易程度以及数据的可靠性，尽量利用统计部门已有的公开资料。在此基础上，构建简单、明确、易于理解的指标体系，用尽量少的指标反映尽量多的内容。

(6) 定性与定量相结合的原则

定性方法具有一定的主观性、不确定性和模糊性，定量方法则具有客观性、确定性和可量化性，各有利弊，实际研究中，需要将定性和定量两种方法相结合，以弥补各自不足之处，从而使指标体系更为科学。

4.3.2 区域高质量发展测评指标体系构建

当前，世界经济论坛设计的较为权威的国家竞争力评价指标体系，主要包括区域经济实力、国民素质、基础设施、科技竞争力、经济管理水平、涉外能力水平等指标（王与君，2000），国内学者在进行区域评价的时候经常参考该评价体系（苏晓红，2002；石忆邵，2002）。

(1) 经济实力

区域高质量发展潜力首先表现在经济实力上，它是当前区域宏观经济运行状况的表现，可以直接反映经济现状，它是过去经济发展的结果，也是未来经济发展的基础。除了经济实力，还需看一个区域高质量发展和未来创造的潜力及可持续性，它着眼未来；资本的形成在一定程度上可以表征区域经济的投资潜力。进而，还需结合区域的人口情况进行评价，看该区域的经济实力是否有利于区域人民生活水平的提高和经济的长远发展（曹远征，1997），居民生活水平状况可反映区域人均经济实力水平和消费能力。

根据以上分析，本书选用了以下指标来评价区域经济实力：①国内生产总值、二三产业产值占地区生产总值的比重等，代表了一个区域现有的经济实力；②GDP 增长率、固定资产投资增速、人均 GDP 增长率、工业部门劳动生产率、工业生产实际增长率、服务业劳动生产率、服务业的年均增长率等，代表了一个区域高质量发展和未来创造的潜力及可持续性；③人均 GDP、人均社会消费品零售总额、社会固定资产投资等，反映了经济的人均指标以及居民生活水平和消费能力状况。

(2) 国民素质

高质量发展内涵特别强调绿色、创新的发展理念，这一理念的实施离不开国民素质的提升，因此在经济实力的基础上继而分析国民素质这一指标。国民素质的提升需要通过对人力资源进行投资来实现，从而提升劳动者的智力、体质、知识和技能水平，改善其劳动态度等。国民素质包括现实的国民素质和潜在的国民素质。

根据上述分析，可以选用下述指标进行衡量：①反映国民体质水平的，可以用健康卫生指标：每千人口卫生技术人员、平均寿命、人均日摄入热量、每万人口拥有的医务人员数量等；②反映国民文化水平的，可以用教育状况指标：每十万人口高等教育平均在校生数、人均受教育年限、大中小学入学比例、每万人中大学生拥有量、大专以上受教育人口比例、人均教育支出等；③城镇化水平：城镇人口比重；④专业技术水平：15～64 岁人口比重、每万人中高级职称人员所占的比例、教育机构数、万人中等以上学校教师数、教育经费占 GDP 的比例、科研院所数等。

(3) 基础设施

基础设施既包括生产性基础设施，如交通、技术、能源设施等，也包括非生产性基础设施，如教育、医疗、环保设施等。交通和能源基础设施是区域生产的必要条件；技术基础设施是区域实现技术进步和创新的最重要的因素；环保设施等基础设施可以为区域发展提供良好的生态环境，也符合高质量发展的绿色理念。基础设施对区域高质量发展的贡献不仅体现在设施的规模和质量上，更体现在为用户提供服务的能力和水平上。

根据上述分析，可以选用下列指标进行测评：①交通运输基础设施：反映交通运输基础设施满足区域发展需求的能力，可采用公路网密度、公路里程、高等级公路的比重、铁路网密度、铁路里程、航空客运周转量、客运量、货运量、邮政业就业人员数、水运货物周转量等指标；②能源基础设施：反映能源满足区域需求的能力，可采用发电装机容量、人均发电量等指标；③技术基础设施：是满足经济信息化的需要而产生和发展的，可采用电话普及率、对电信的投资、每百人拥有计算机数、软件业务收入、每百人拥有移动电话数、每千户互联网户主数等指标；④环保设施：可采用工业污染治理完成投资等指标来反映。

(4) 科技竞争力

科技竞争力是创新的源泉、区域发展潜力的永动机，科技活动的提升需要依靠两个方面：第一，投入基础研究人员和财力；第二，通过研究和开发活动，将技术资源转化为实用技术或专利以及新产品。由此可见，科技水平的高低，取决于区域研究和开发活动的投入，反映在实用专利技术的多少上。

根据上述分析，可采用下述指标体系：①反映科技投入的指标，如规模以上企业 R&D 人员全时当量、规模以上企业 R&D 经费、科学技术支出 R&D 总支出额、人均 R&D 总支出、R&D 经费占 GDP 的比例、科技活动经费、R&D 总人数、每千人中 R&D 人数、每万人中科技人员数、每万人中科学家和工程师数等；②反映专利成果多少的指标，如三种专利授权数、人均专利申请数、专利授权量、人均专利授权量、国际科技论文数、每万名科技人员国内科技论文数等；③反映科技转化效率的指标，包括技术市场成交额、成交合同金额等。

（5）经济管理水平

经济管理水平直接影响着商务活动的效率，进而影响着区域高质量发展水平的高低。对其进行评价不仅要考虑其产品价格、质量，还要考虑其内部运行机制和效率，经济管理离不开人，因此还要看就业人员的情况。据此构建经济管理水平的评价指标体系，包括：①反映就业人员情况的：就业人员数、城镇非私营单位就业人员平均工资、城镇私营单位就业人员平均工资等；②反映产品价格质量的：工业生产者出厂价格指数、产品质量合格率、企业产品的价格质量比、每个就业者人均 GDP 等。

（6）涉外能力水平

涉外能力是区域在全球化及国际分工中所体现出来的综合实力。根据国际经济理论可知，一个区域的国际经济贸易情况可通过贸易和投资来体现，贸易是产品的流动，投资是资本的流动。贸易流动可实现全球优势互补，从而增强区域的竞争力。资本流动可实现资本的优化配置，从而实现生产要素的流动、经验的交流以及经济的回报（赵彦云，2001）。由此可见，国际贸易和投资直接关系到区域生产率的提高，可体现区域对外开放和在国际市场上的综合实力。

根据上述分析，可采用下述指标进行评价：①反映国际贸易水平的：贸易进出口总额、外商投资企业货物进出口总额、国际旅游收入、贸易依存度进出口增长率、贸易依存度等；②反映国际投资水平的：对外直接投资、外商投资企业投资总额、外国直接投资、外国直接投资增长率等。

本书在上述指标的基础上结合其他学者的研究（黄娟，2020；樊新生，

2004；齐天锋，2020；苗玉宁，2020；徐伟，2020；王磊，2018；王中亚，2020；乔雅君，2010）对区域高质量发展潜力评价指标进行了修改（表2-4-1）。

表 2-4-1　区域高质量发展潜力评价指标体系

区域高质量 发展潜力	经济实力	国内生产总值、GDP增长率、固定资产投资增速、人均GDP增长率、人均社会消费品零售总额等
	国民素质	每千人口卫生技术人员、每十万人口高等教育平均在校生数、人均教育支出、城镇人口比重、15～64岁人口比重等
	基础设施	工业污染治理完成投资、邮政业就业人员数、客运量、货运量、每百人拥有计算机数、软件业务收入、铁路里程、公路里程等
	科技竞争力	规模以上企业R&D人员全时当量、规模以上企业R&D经费、三种专利授权数、技术市场成交额、科学技术支出R&D总支出额等
	经济管理水平	就业人员数、城镇非私营单位就业人员平均工资、城镇私营单位就业人员平均工资、工业生产者出厂价格指数、产品质量合格率等
	涉外能力水平	贸易进出口总额、外商投资企业货物进出口总额、外商投资企业投资总额、国际旅游收入、贸易依存度等

4.3.3　区域高质量发展水平测评方法

将上述各指标数据标准化，标准化公式为

$$X'_{ij} = \frac{X_{ij} - \bar{X}_{ij}}{St_{ij}} \tag{1}$$

$$St_{ij} = \sqrt{\frac{(X_{ij} - \bar{X}_{ij})^2}{n}} \tag{2}$$

其中，X'_{ij} 为指标 X_{ij} 的标准化值，$\bar{X}_{ij}$ 为指标 X_{ij} 的平均值，St_{ij} 为指标 X_{ij} 的标准方差。

计算区域高质量发展潜力的各项指标和最终的综合性指数采用加权平均法。因为Delphi法计算权重主要是通过专家打分的方法进行，这种方法会带有一定的主观性，故本书的权重计算均采用了主成分分析法，客观地根据数据本身的关系进行权重确定，主成分分析法采用SPSSAU在线统计分析软件进行。根据建构的区域高质量发展潜力评价指标体系，计算出各个省份的各分类发展潜力指数，在此基础上算出各区域高质量发展潜力的综合性指数。计算公式为

$$C_i = \sum_{j=1}^{n} W_{ij} \times X_{ij}' \qquad (3)$$

$$Z_n = \sum_{i=1}^{7} W_i \times C_i \qquad (4)$$

其中，C_i 为第 i 个分类发展潜力指数，W_{ij} 为该指标的权重，X_{ij}' 为该分类发展潜力的第 j 个指标的标准化值，$j=1$，2，$\cdots$，n（n 由各指标数量而定）。Z_n 为 n 省的高质量发展潜力综合性指数，W_i 为 C_i 的权重，$i=1$，2，$\cdots$，7。

5 中部六省区域高质量发展综合性比较分析

根据第 4 部分所建立的指标体系及评价方法对中部六省区域高质量发展潜力进行了评价，各指标数据大都来自《中国统计年鉴》（2021 年）和相关省份的统计年鉴（2021 年），参与计算的数据年份为 2020 年，如若不是该来源渠道和相应年份，会在对应数据下面予以注释。

5.1 中部六省区域经济实力分析

表 2‐5‐1 为中部六省区域经济实力指数现状。国民生产总值可以代表一个区域总的经济实力，SPSS 主成分分析也显示它的权重最高，为 0.793。

表 2‐5‐1 中部六省 2020 年区域经济实力指数

指标	国民生产总值	人均国民生产总值	GDP 增长率	人均社会消费品零售总额	固定资产投资增速	区域经济实力指数
权重	0.793	0.279	0.232	0.256	0.154	
山西省	−1.451	−1.209	−0.281	−1.250	1.061	−1.710
安徽省	0.123	0.339	−0.117	1.061	−1.011	0.281
江西省	−0.849	−0.448	−0.231	−0.468	0.173	−0.945
河南省	1.343	−0.620	−1.427	−0.536	−1.271	0.228
湖北省	0.479	1.662	1.621	1.336	1.098	1.731
湖南省	0.355	0.276	0.434	−0.141	−0.049	0.415

注：湖北省 GDP 增长率和固定资产投资增速均为 2019 年数据，因为 2020 年受疫情影响，数据变动过大，故采用了 2019 年数据。表中及后续各章节中有关各类高质量发展潜力指数均为标准化之后的结果，并不是绝对值，只具有相对意义，后续表格不再赘述。

2020 年中部六省中山西省、江西省的国民生产总值低于中部六省的平均值，也低于全国平均值（32 773.75 亿元），河南省的国民生产总值最高

（54 997.00 亿元）。与全国平均值相比，山西省（17 651.93 亿元）还有
15 121.82 亿元的差距，江西省（25 692.00 亿元）则有 7 081.75 亿元的差
距，其他四省在高质量发展的总量上具备一定的发展基础（图 2 - 5 - 1）。

　　GDP 增长率可以代表一个区域经济发展的潜力，中部六省中除湖北和
湖南两省 GDP 增速较快，其他四省 GDP 增速均低于平均值，河南省最低；
和全国平均 GDP 增速相比，中部六省的 GDP 增速均低于全国的 GDP 增速，
表明中部六省在迈向高质量发展的道路上任务还十分艰巨。通过经济增长的
速度和经济总量的对比，发现二者之间存在一些不同步的情况，河南省二者
最为不同步，经济总量最高，但增速最低；山西和江西两省二者均表现为不
高；湖北、湖南和安徽三省也存在不同步的情况，但比起其他三省，二者同
步的差距小一些。今后中部六省需要在经济发展的速度和总量上力争实现协
调、动态和稳固发展。

　　固定资产投资增速也可以反映区域的经济发展潜力。山西和江西两省固
定资产投资增速较高，湖北省增速最高，安徽和湖南、河南固定资产投资增
速较低，河南省最低；中部六省的固定资产投资增速均超过全国平均水平。
但由此也可以看出一些问题：固定资产投资作为一项区域基础性产业的投资
是否能满足 GDP 的发展和增长需求？或是投资被更多地用在了和区域产业
关联度不高的行业？从高质量发展的理念上来看，中部六省今后应该思考如
何更好地合理利用固定资产投资，以更好地提升中部六省的产业关联度，优

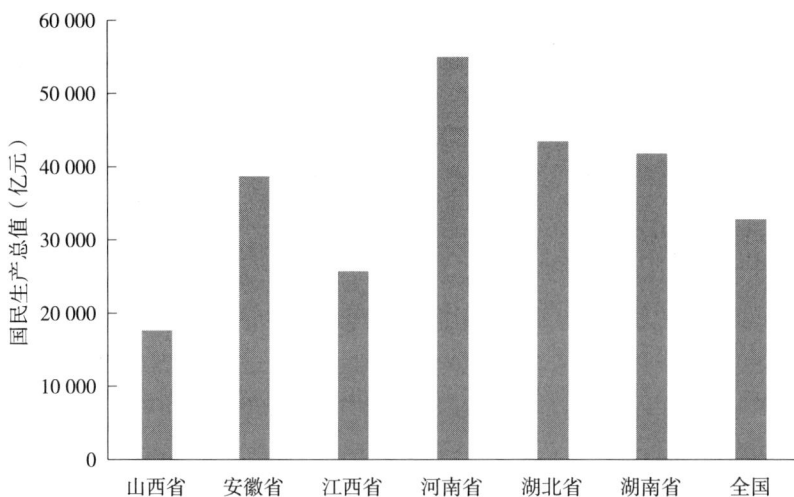

■ GDP增长率（%）　□ 固定资产投资增速（%）

■ 人均国民生产总值（元）　□ 人均社会消费品零售总额（元/人）

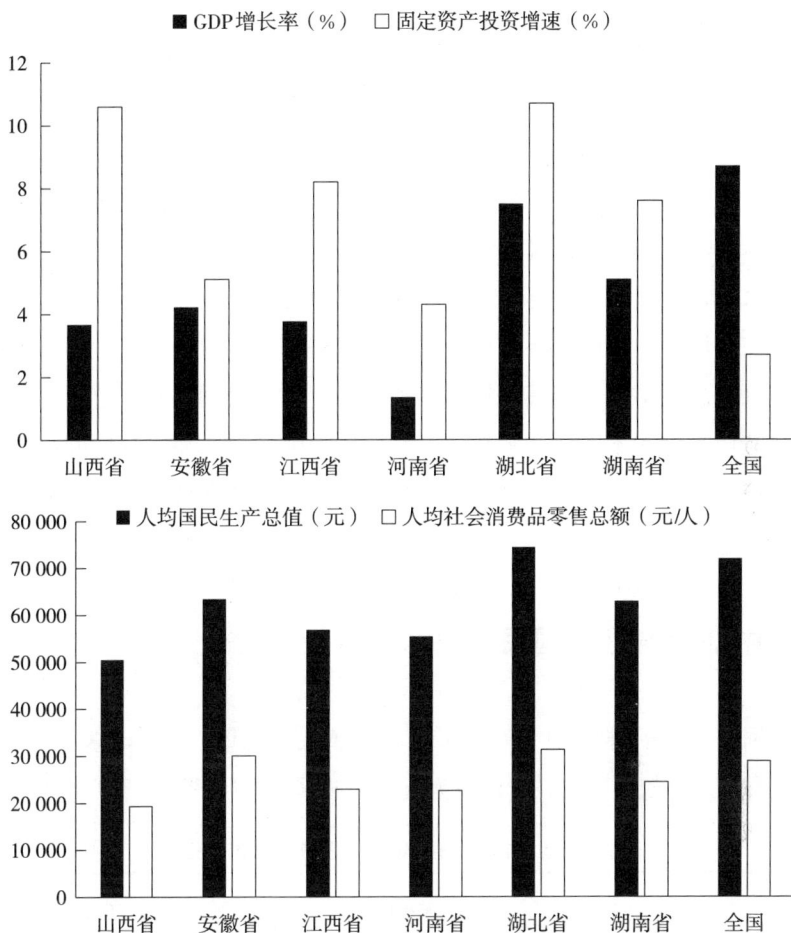

图 2-5-1　中部六省 2020 年区域经济实力各指标

化产业机构，增强产业的持久力和可持续性。

人均国民生产总值和人均社会消费品零售总额可以从侧面反映一个区域
的消费潜力，山西、江西和河南三省的消费潜力较低，湖北省最高。湖北省
的人均国民生产总值高于全国平均水平，其他五省均低于全国平均水平。在
人均社会消费品零售总额上，湖北和安徽两省高于全国平均水平，其他四省
则低于全国平均水平。由此可以看出，中部六省的消费潜力还是有待提升
的。湖北和安徽因为更加临近长三角和长江经济带，所以在消费思维上会比
较开放，而其他四省更靠内陆一些，因此，在消费思维上会倾向保守一些，
如喜欢储蓄、较为看重房子等大件品、投资固定品、居民较为勤俭节约等。

近两年，受疫情的影响，全球市场萎缩问题突出，使得居民消费水平下降，2022 年我国政府工作报告提出，要坚定实施扩大内需战略，持续扩大消费和投资规模，聚焦畅通国民经济循环，进一步增强内需对经济增长的拉动。鉴于此，中部六省在已有经济实力的基础上尚需持续释放内需潜力。

区域经济实力指数显示山西省和江西省实力有些弱，为负值，湖北省实力最强，安徽、河南、湖南三省实力居中。湖北省除了 GDP 增长率低于全国平均水平，其他几个指标均高于全国平均水平，在中部六省中居于前列，因此，综合评价出来的结果也显示其区域经济实力指数最高。河南省虽然国民生产总值总量第一，但其他指标水平不高，因此表现出经济总量和增长速度以及消费能力的不协调、不同步，今后应加强"量与质"的协同以及内需潜力的释放。安徽省和湖南省可以稳中求进，山西省和江西省则需要加快步伐，保量追质。

5.2　中部六省区域国民素质水平分析

根据表 2-5-2 权重计算可以看出，城镇人口比重、15～64 岁人口比重、人均教育支出等权重较高，可以成为反映区域国民素质情况的重要指标。

表 2-5-2　中部六省 2020 年区域国民素质指数

指标	城镇人口比重	每十万人口高等教育平均在校生数	15～64 岁人口比重	人均教育支出	每千人口卫生技术人员	区域国民素质指数
权重	0.362	0.074	0.320	0.200	0.044	
山西省	0.993	−1.189	1.477	−0.134	1.090	0.766
安徽省	−0.497	−1.151	−0.319	−0.253	−0.745	−0.450
江西省	0.252	0.788	−0.258	1.971	−1.565	0.392
河南省	−1.526	0.248	−1.312	−0.854	−0.042	−1.126
湖北省	1.121	1.255	0.856	−0.225	0.563	0.752
湖南省	−0.344	0.049	−0.444	−0.505	0.700	−0.333

中部六省城镇人口比重中湖北省最高，河南省最低，标准化值仅为−1.526，实际的城镇化水平为 55.43%，全国平均水平为 63.89%，低了 8.46个百分点；同时中部六省的城镇人口比重均低于全国平均水平（图 2-5-2），

这表明中部六省今后需要加快城市化进程，优化产业结构，大力发展第三产业，提供更多的就业岗位，从供给侧和民生角度来完善产业体系；积极创设就业环境，留住省内人才，同时吸引其他区域人才进驻。唯有如此，中部六省才能极大推进高质量的城市化进程。

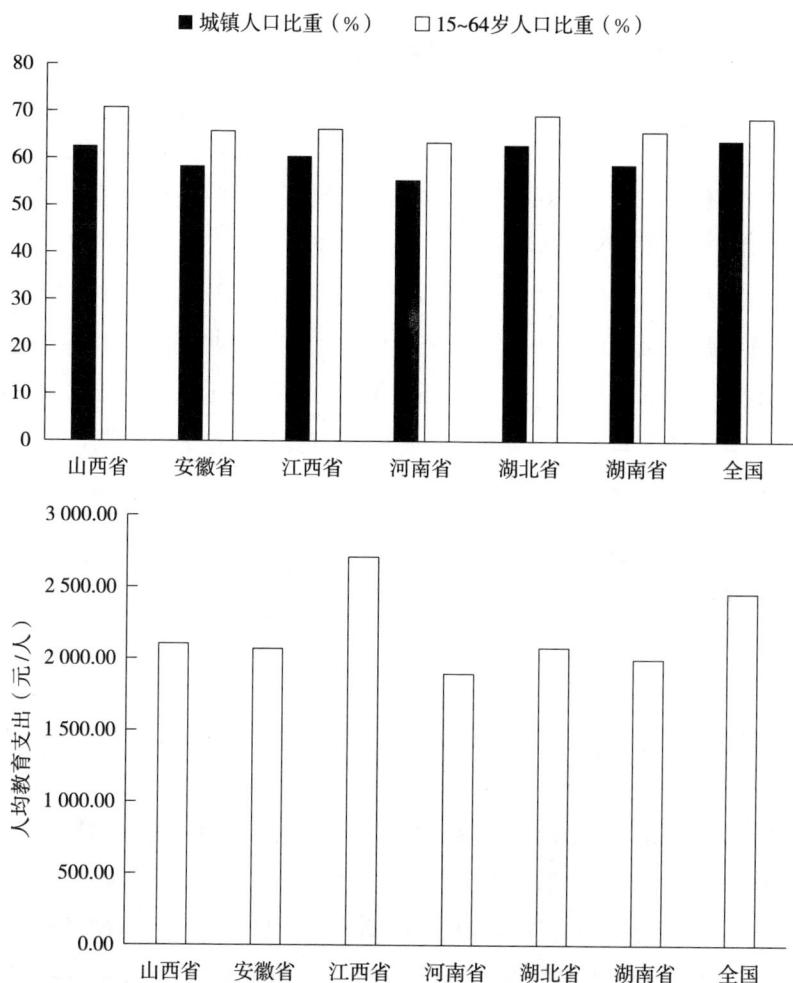

图 2-5-2　中部六省 2020 年区域国民素质主要指标

15～64 岁人口比重山西省最高，河南省最低；除山西省和湖北省外，其他四省 15～64 岁人口比重均低于全国平均值。对河南省来说，这个问题较为突出，河南是人口大省，与其他省份相比，65 岁以上人口数量较多，0～14 岁人口数量也多，今后要面对老龄化、大批量提升青少年总体素质、提高青壮年就业机会等问题，任务艰巨。从人口优势上来看，湖北省的潜力较大，山西省的青壮年潜力以及城市化水平并未被很好地利用起来，其他几省的城市化进行也须加快，同时还要积极应对老龄化问题和人才流失问题，充分发挥和利用好青壮年劳动力的价值。

人均教育支出上除江西省较高外，其他中部五省均低于中部六省平均值，也低于全国的平均值，河南省依然是最低值，这主要是因为河南省人口多，素质提升任务重，经费支出有限。在每十万人口高等教育平均在校生数上河南省作为人口大省，较中部六省平均值高些；但每千人口卫生技术人员指数依然为负值。这暴露出中部六省的教育问题：其一是教育投入和支出明显不够，且教育支出差距明显；其二是人才流失严重，尤其是河南省，因为缺乏好的高校，且为农业大省，所以尽管高等学校在校学生很多，但是这些学生毕业之后要么流向国外，要么流向他省，还有一些河南考生直接考进他省的高校；其三，吸引人才的就业环境不好，比如每千人卫生技术人员数量最低，这体现了人口与教育、医疗、服务等就业软环境的不协调，因此缺乏东部沿海地区的城市优势，很难留住人才。

区域国民素质指数显示河南省最低，其次为安徽省和湖南省，上述三省均为负值。河南省各指标中，除了每十万人口高等教育平均在校生数占些优势外，其他各个指标均没有任何竞争力，湖南省各指标中，除了第十万人口高等教育平均在校生数、每千人口卫生技术人员占些优势外，其他指标均没有竞争力，安徽省的各个指标均没有竞争力。高质量发展追求创新与协调，国民素质在一定程度上可以影响创新，上述三省在国民素质协调度上明显不足。山西省和湖北省实力最强，江西省实力居中。江西省的人均教育支出是值得中部其他省份学习的，在中部六省中居于首位，表现出了对教育的重视。山西省今后可以充分利用青壮年劳动力的优势来进行资源型城市的综合改革。相比较，湖北省有比较好的大学，国民素质各个指标的协调度较高一些。

5.3 中部六省区域基础设施水平分析

根据表2-5-3权重计算可以看出，各指标权重差别不大，可以从不同角度反映区域基础设施的情况。

表 2 - 5 - 3 中部六省 2020 年区域基础设施指数

指标	工业污染治理完成投资	邮政业就业人员数	客运量	货运量	百人使用计算机数	软件业务收入	铁路里程	公路里程	区域基础设施指数
权重	0.143	0.147	0.134	0.072	0.136	0.123	0.112	0.134	
山西省	1.257	−1.183	−1.508	−0.334	1.535	−0.968	0.975	−1.719	−0.252
安徽省	0.819	−0.469	−0.356	1.949	−0.219	0.089	−0.549	0.086	0.072
江西省	−0.776	−0.550	0.196	−0.744	0.000	−0.751	−1.134	−0.420	−0.495
河南省	−0.230	1.721	1.121	0.034	−0.658	−0.472	1.399	0.748	0.482
湖北省	0.337	0.279	−0.487	−0.703	−1.316	1.779	−0.710	1.127	0.085
湖南省	−1.407	0.201	1.033	−0.202	0.658	0.322	0.019	0.177	0.107

在环保设施方面，湖南省、江西省、河南省的工业污染治理完成投资指数低于中部六省平均值，均为负值，湖南省最低。单纯从数据来看，这样的投资不利于区域的绿色发展，这样的投资是否与工业发展相协调，还需分析二者之间的耦合情况。传统意义上，河南省确实是名副其实的农业大省，但仍然被众多媒体评为我国十大工业大省之一，因此河南省今后还需在绿色发展上增大投资。湖南省和江西省的数值也为负值，同样需要有所改变。湖北省、安徽省和山西省该指数较高，尤其是山西省，与其是资源型城市改革试点有很大关系；这三省该项指标的额度均高于全国平均水平(图 2 - 5 - 3)。

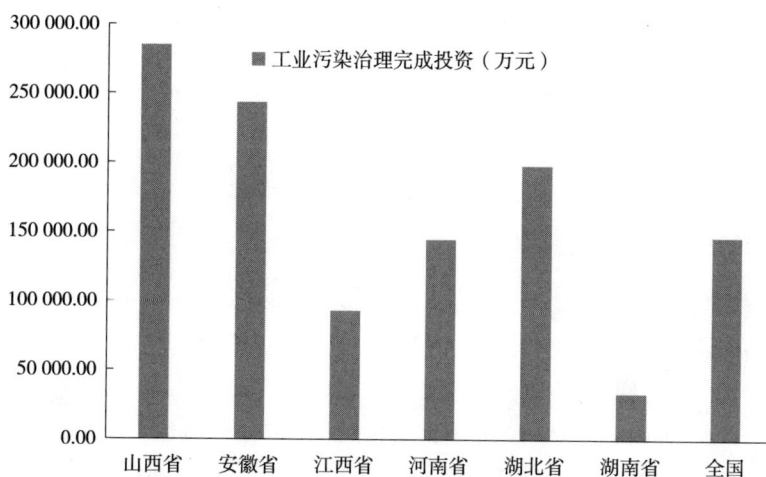

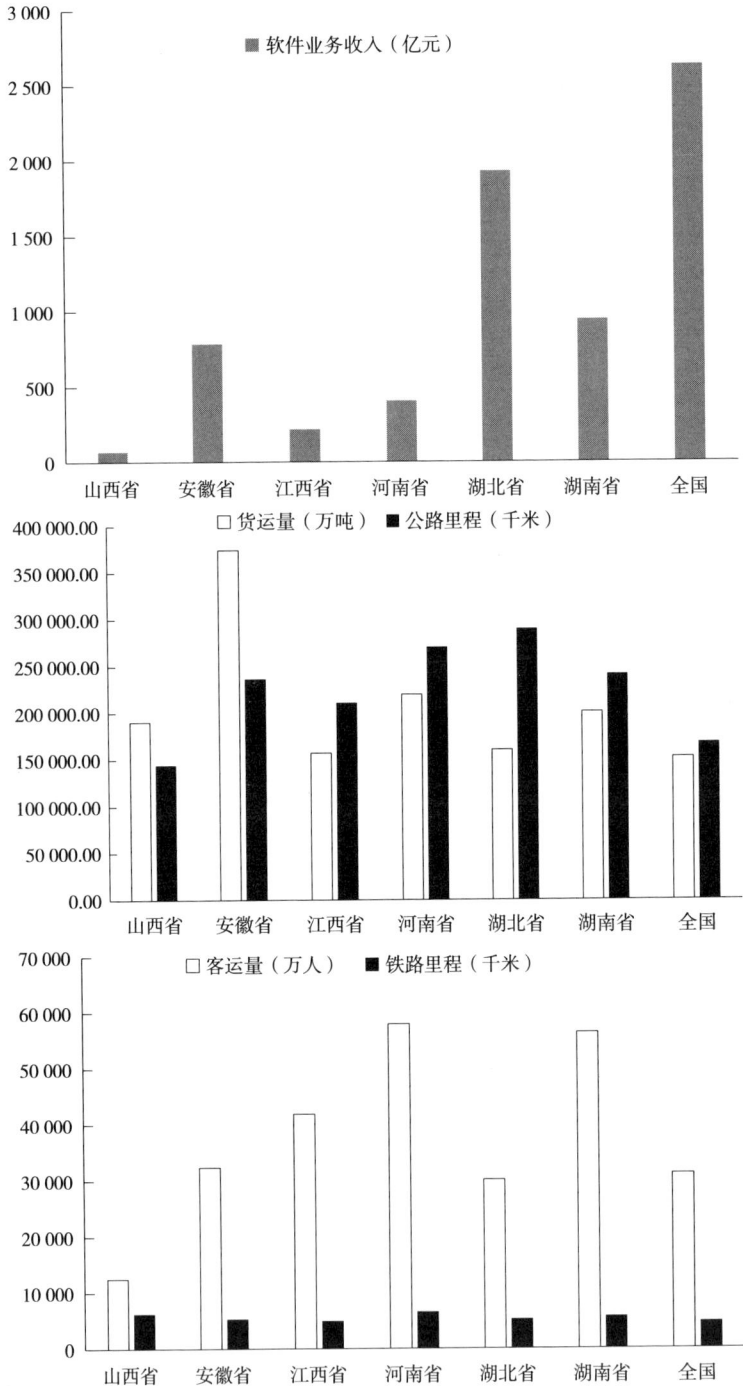

图 2-5-3 中部六省 2020 年区域基础设施主要指标

在信息化设施方面，百人使用计算机数以及软件业务收入可以代表区域信息化的情况，软件业务收入更能代表区域一定的创新能力，从该指标可以看出，中部六省软件业务收入差异较大，山西省、江西省、河南省该项指标低于中部六省平均值，其他省也依然低于全国平均水平（2 631亿元）很多，湖北省最高，但和全国平均水平还有704亿元的差距。百人使用计算机数这个指标差距较小，和软件业务收入相比，该指标比较容易实现。信息化社会，信息、数据、软件是发展的必备条件，但从现有数据来看，中部六省似乎还需要很长一段路要走。从前述产业结构里可以看出，中部六省在新兴产业上都把大数据、超算、数字产业等作为区域新兴战略产业培育，今后需要在提升全民计算机水平和软件开发方面下功夫，期待中部六省在创新、开放和共享上能有所突破。

在交通设施方面，邮政业就业人员数除了河南省（38 140人）高于全国平均水平（29 065人）外，其他省份均低于全国平均水平；中部六省相比，山西省和江西省该指标低于中部六省平均水平。客运量和全国平均水平（31 178万人）相比，山西省（12 457万人）最低，和全国平均水平还有18 721万人的差距，差距比较大，可能和山西省是资源型城市有关，人员流动和流失较少一些。湖北省该指标（30 112万人）也低于全国平均水平，可能和统计数据来源有关，湖北省有水运，这部分统计数据不一定统计在内。中部六省相比，安徽省的客运量也不高。货运量上，中部各省均高于全国平均水平（152 567万吨），该数据可以作为中部六省发展物流联运的一个有利证明，表明中部六省货运需求非常大。然而，从中部六省比较来看，山西省、江西省、湖北省和湖南省低于中部六省平均水平，表明中部六省之间该指标有一定差距。铁路里程上中部六省均高于全国平均水平（4 720千米），公路里程上除山西省（144 323千米）外，其他五省也均高于全国平均水平（167 681千米）。就中部六省而言，江西省铁路和公路均不够发达；安徽和湖北两省在铁路上还可以有所提升；山西省的公路则需要提升，差距较大。

区域基础设施指数显示河南省最高，其次为湖南省、湖北省、安徽省，山西省和江西省为负值，江西省最低。结合我国的发展现状，从高质量发展角度来看，交通设施投入方面基本不存在太大问题，毕竟"中国制造、中国高铁、中国高速"都在发生着日新月异的变化。发展的关键仍是在环保设施和信息化设施投入方面，尤其是信息化设施的投入，中部六省除湖北省外其他各省在信息化建设方面均需要加强，尤其是山西、江西、河南三省。

5.4 中部六省区域科技竞争力水平分析

根据表 2-5-4 权重计算可以看出，各指标均可以反映中部六省区域科技竞争力情况。

表 2-5-4 中部六省 2020 年区域科技竞争力指数

指标	规模以上企业R&D人员全时当量	规模以上企业R&D经费	三种专利授权数	技术市场成交额	科学技术支出	区域科技竞争力指数
权重	0.216	0.211	0.214	0.148	0.211	
山西省	−1.888	−1.670	−1.732	−1.002	−1.637	−1.624
安徽省	0.703	0.566	0.828	0.069	1.354	0.744
江西省	−0.250	−0.792	−0.265	−0.674	−0.361	−0.454
河南省	0.835	0.780	0.914	−0.418	0.215	0.524
湖北省	0.343	0.434	0.562	1.823	0.545	0.671
湖南省	0.256	0.682	−0.307	0.202	−0.116	0.139

在科技投入方面，规模以上企业 R&D 人员全时当量可以用来反映科技人力投入情况（图 2-5-4），在高质量发展过程中可以代表区域发展的创新潜力。和全国平均水平（111 626 人年）相比，山西省的差距最大，与全国还有 79 079 人年的差距，相当于一个省份的该指标值；其次是江西省，其差距没有山西省的那么大；其他省份皆高于全国平均水平，河南省最高。中部六省相比，也基本上呈同样的差异状态。其他两个指标——规模以上企业 R&D 经费、科学技术支出也可以反映科技投入情况。这两个指标无论是和全国平均水平相比还是中部六省内部相比，基本与规模以上企业 R&D 人员全时当量存在的空间差异一样，山西省各指标最低，且和全国平均水平差距较大。从数据上来说，作为资源型城市综合改革试点省份，山西省在科技投入方面还亟待加强。安徽省的科技支出在中部六省中最高。

在专利成果方面，和全国平均水平相比，除河南省、安徽省的三种专利授权数超过了之外，其他各省均低于全国平均水平，山西省最低，其次是江西省、湖南省、湖北省（图2-5-4）。中部六省相比，山西、江西和湖南三省低于中部六省平均水平。专利成果的表现特征和科技投入情况基本一致。

在科技转化方面，技术市场成交额可以反映科技转化方面的情况。和全国平均水平相比，除湖北省的技术市场成交额远远超越全国平均水平之外，其他各省均低于全国平均水平，山西省最低，其次是江西省、河南省、安徽省和湖南省。中部六省相比，山西、江西和河南三省低于中部六省平均水平。

从区域科技竞争力指数来看，山西和江西两省居于最后两名，山西省的科技竞争力水平最低，作为资源改革型省份，今后需要在科技攻关上下大功夫。安徽省的科技竞争力水平最高，这可能得益于中国科技大学在安徽的缘故，该省在科技支出方面最高，具有类似优势的还有湖北省，综合指数排名第二，科技转化位居第一。河南省总体指数为 0.524，居于第三名，规模以上企业 R&D 人员全时当量最高，R&D 经费投入也最高，专利授权数也最高，科学技术支出居中，技术市场成交额较低，表明科研转化能力较弱，可能原因在于专利成果的实践应用较差，河南省今后应加强与国内外重点大学的科研合作，同时将科研重点转向时代所需、区域所需攻坚的方面，努力提高科研成果的转化效率。

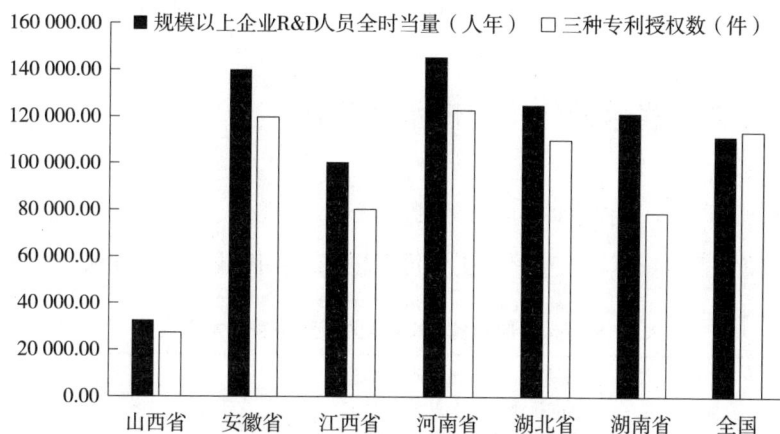

■规模以上企业R&D经费（万元） □技术市场成交额（万元）

■科学技术支出（亿元）

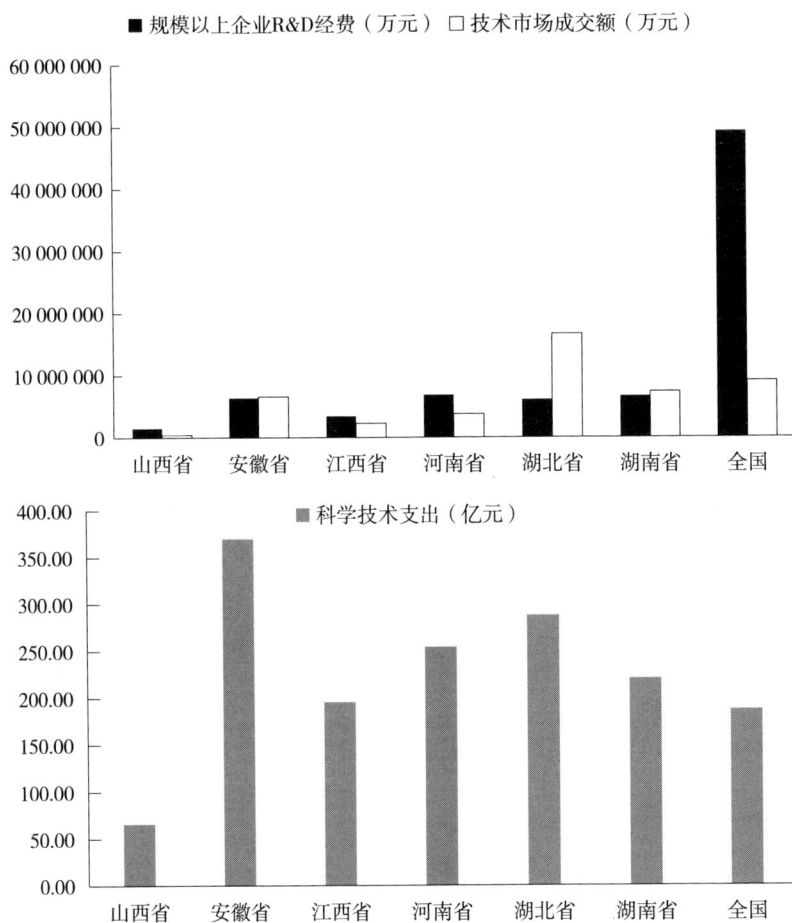

图2-5-4　中部六省2020年区域科技竞争力主要指标

5.5　中部六省区域经济管理水平分析

根据表2-5-5权重计算可以看出，就业人员数、工业生产者工厂价格指数、城镇私营单位就业人员平均工资可以较好反映区域经济管理水平情况。

表2-5-5　中部六省2020年区域经济管理水平指数

指标	就业人员数	城镇非私营单位就业人员平均工资	城镇私营单位就业人员平均工资	工业生产者出厂价格指数	产品质量合格率	区域经济管理水平指数
权重	0.266	0.042	0.214	0.296	0.182	

（续）

指标	就业人员数	城镇非私营单位就业人员平均工资	城镇私营单位就业人员平均工资	工业生产者出厂价格指数	产品质量合格率	区域经济管理水平指数
山西省	−1.254	−0.689	−1.616	−1.923	−1.555	−1.560
安徽省	0.130	1.168	1.218	0.549	0.928	0.676
江西省	−0.824	−0.114	0.129	−0.275	0.648	−0.160
河南省	1.638	−1.441	−0.495	0.652	−0.568	0.359
湖北省	0.146	1.034	−0.037	0.549	−0.371	0.169
湖南省	0.164	0.043	0.801	0.446	0.918	0.516

在就业人员情况方面，就业人员数这一指标是该方面最直接的反映。和全国平均水平相比，山西省和江西省的就业人员数量低于全国平均水平，山西省最低，其他各省均高于全国平均水平（图2-5-5）。中部六省相比，空间差异态势和全国平均水平相比较为一致。就业人员数可能和人口总量有关，也可能和产业结构有关，需要根据实际情况进行合理的调整。城镇私营单位就业人员平均工资也可以反映区域经济管理的灵活程度。中部六省该指标均低于全国平均水平，这可能和中部地区居民的思维意识有关，没有北上广和东部沿海那样开放的思维以及商业意识，另外也和经济实力、消费意识、人均消费能力有很大关系。

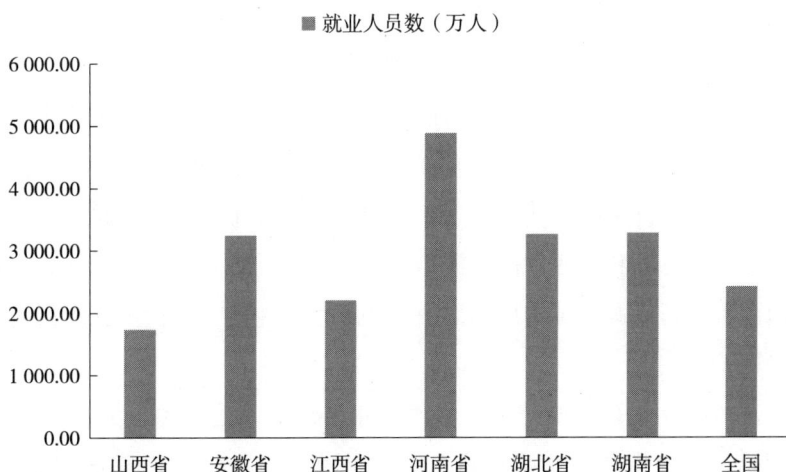

■ 就业人员数（万人）

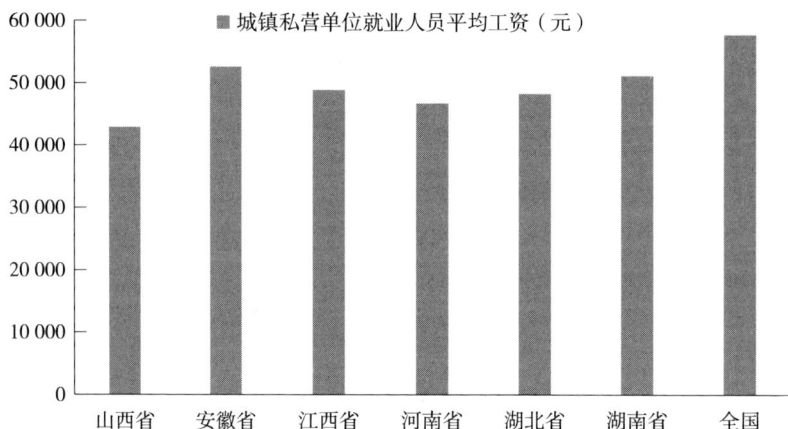

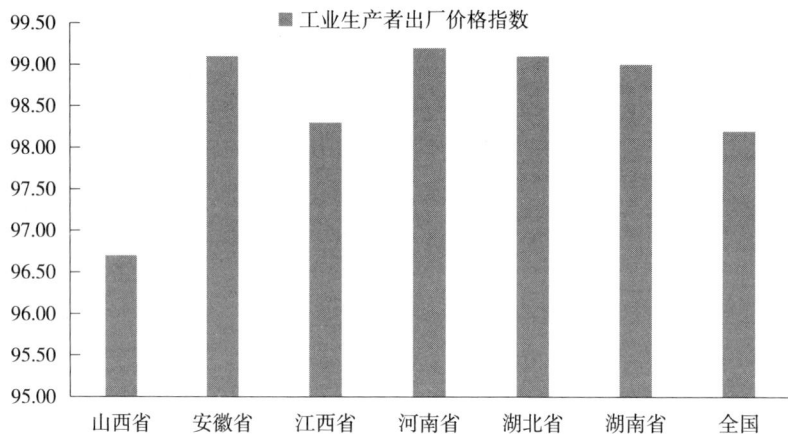

图 2-5-5 中部六省 2020 年区域经济管理水平主要指标

在产品价格、质量方面，和全国平均水平相比，山西省的工业生产者出厂价格指数最低，且低于全国平均水平，其他各省则都高于全国平均水平。工业生产者出厂价格指数代表了一个区域工业产品价值和质量的稳定程度，山西省最低，可能和山西省的资源型产品有关，受世界市场影响比较大，这也是山西省进行资源改革的原因之一。中部六省相比，山西和江西两省该指标水平低于平均值。

中部六省相比，安徽省的区域经济水平最高，这得益于其稳定的工业生产者出厂价格指数和城镇私营企业人员就业人员平均工资这两个指标，其次是湖南省、河南省。河南省的就业人员数最高，工业生产者出厂价格指数也最高，但是城镇非私营单位就业人员平均工资最低，城镇私营单位就业人员平均工资、产品质量合格率较低，这表明河南省的情况和人口总量有极大的关系，今后可在延长产业链、壮大经济实力上下功夫，提高就业人员工资、提升产品质量是其要面对的问题。湖北省的区域经济水平居中，江西省和山西省为负值，山西省的最低。前述分析里发现山西省的青壮年劳动力最多，可能这是导致就业人员工资水平低的缘故，但却无法解释山西省就业人数也最低这一现象，可能和城市转型改革导致下岗失业人员较多有关。

5.6　中部六省区域涉外能力水平分析

根据表 2-5-6 权重计算可以看出，贸易进出口总额、外商投资企业货物进出口总额、贸易依存度可以较好反映区域涉外能力水平情况。

在反映国际贸易水平方面，诸多指标中贸易进出口总额和外商投资企业货物进出口总额权重较高。中部六省的贸易进出口总额均低于全国平均水平（10 395 亿元），山西省最低（1 504 亿元），且山西省与中部各省的差距也很大，标准化值为 −1.713。河南省的外商投资企业货物进出口总额高于全国平均水平，其他各省均低于全国平均水平，湖南省最低（图 2-5-6）。中部六省相比，山西、江西、湖南和湖北四省的外商投资企业货物进出口总额标准化数值均为负值。高质量发展追求开放、共享，贸易流动可实现全球优势互补。然而从国际贸易水平这些指标上来看，中部各省的对外开放程度并不尽如人意。河南省有部分企业确实做得不错，比如中国一拖集团有限公司，在国外也设置了很多分厂、分公司；另外，河南富士康也是影响河南对外贸易的特别大的企业，该企业充分利用了河南人口众多的特征，但从长远来看，河南省应将该种劳动密集型企业作为发展的过渡，尽可能地拥有自己所独属的自主产权的企业。贸易依存度在一定程度上可以反映区域的开放程度，中部各省的贸易依存度均低于全国平均水平，山西、湖南、湖北三省的贸易依存度标准化值为负值，表明中部各省的经济开放程度有限，在全球化趋势下，可以合理利用贸易的优势来增强区域经济。

表2-5-6　中部六省2020年区域涉外能力指数

指标	贸易进出口总额	外商投资企业货物进出口总额	外商投资企业投资总额	国际旅游收入	贸易依存度	区域涉外能力指数
权重	0.312	0.211	0.132	0.139	0.206	
山西省	−1.713	−0.451	−1.049	−1.137	−1.328	−1.200
安徽省	0.563	0.060	1.552	1.385	0.797	0.750
江西省	−0.260	−0.425	−0.591	−0.751	1.396	−0.066
河南省	1.271	1.977	−0.831	−0.682	0.053	0.620
湖北省	−0.098	−0.462	0.584	0.763	−0.798	−0.109
湖南省	0.236	−0.700	0.334	0.422	−0.119	0.004

注：本表贸易依存度计算方法为贸易进出口总额和国内生产总值之比。

在反映国际投资水平方面，外商投资企业投资总额可以在一定程度上反映国际投资情况，因为中部六省的国际贸易方面并不是很强，由此也导致该指标的权重不是很高。中部各省的外商投资企业投资总额均低于全国平均水平，除安徽、湖北、湖南三省稍高一些之外，其他各省与全国的差距都比较大（图2-5-6），山西、江西和河南的标准化值均为负值。这也表明中部六省在吸引外资方面的能力有限。

中部六省相比，安徽省的区域涉外能力水平最高，其次是河南省，湖南省居中，湖北省和江西省较低，山西省最低。安徽省的外商投资和国际旅游收入较高，所以最终指数比较高。河南省的贸易进出口总额最高，外商投资企业货物进出口总额也最高，贸易依存度居中，经济结构较为稳定，外商投资企业投资总额和国际旅游收入较低。今后中部各省应加大开放的力度，培育好有创新力和竞争力的产业，同时注意发展旅游业，提高国外游客的入境旅游水平。

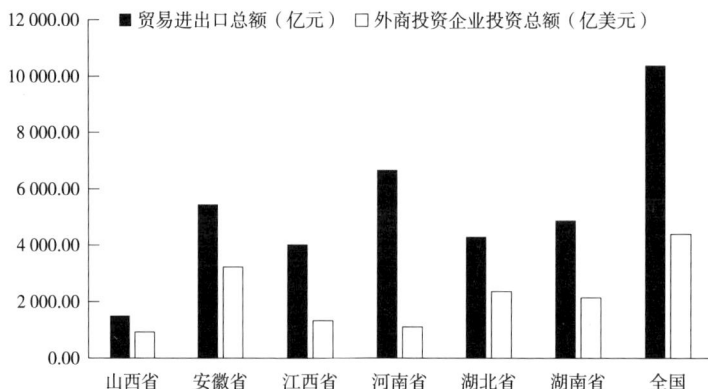

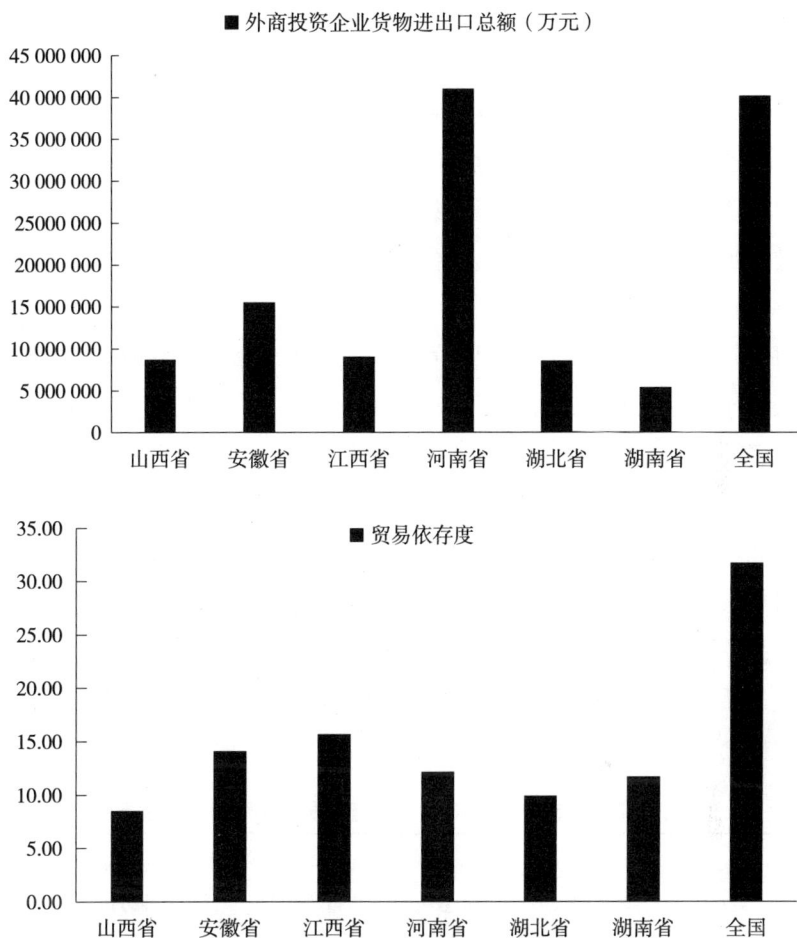

图 2-5-6　中部六省 2020 年区域涉外能力水平主要指标

5.7　中部六省区域高质量发展潜力综合性评价

综合上述各指标的分析，得出中部六省区域高质量发展潜力综合性评价结果，如表 2-5-7 所示，从表中可以看出，中部六省中综合性评价指数最高的是湖北省，其次是安徽省，河南省第三，湖南省第四，江西省第五，山西省最低。

湖北省的经济实力、国民素质、科技竞争力水平在各省中居于前列。安徽省的科技竞争力、经济管理水平和涉外能力在各省中居于前列。这是湖北和安徽两省综合评价指数居于第一和第二的原因。但是湖北省的涉外能力指数较低，尚为负值，表明湖北省今后应加强对外开放的程度，合理利用贸易和资本优势，同时也要加强区域基础设施的配套建设以及企业的经济管理水平。安徽省的国民素质指数尚为负值，在此方面安徽还有很大潜力，但是安徽省的经济实力指数和基础设施指数分值也不是很高，今后安徽省可在此基础上进一步优化产业投资和建设，合理配置资本，全面提升经济实力，继续巩固科研转化。

河南省的几个指数大多居于中间的地位，国民素质指数最低，原因是其城镇人口比重占比最低、青壮年劳动力比重最低、人均教育支出最低，这与河南众多的人口有很大关系，另外河南的劳动力输出较多，造成青壮年劳动力比重最低。今后应该想办法留住人才、留住投资、留住机会，河南省委省政府为此也做了很多工作，如引进高学历、高职称人才和各级各类专家，加强与清华大学等著名学府的合作，但是远水解不了近渴，河南省高校数量有限，这是一恶性循环，走出河南的学子因为上学难不愿意回来。今后河南省在国民素质提升上还要面对老龄化、大批量提升青少年总体素质、提高青壮年就业机会等诸多问题，任务艰巨。

表 2-5-7　中部六省 2020 年区域高质量发展潜力综合性指数

指标	区域经济实力指数	区域国民素质指数	区域基础设施指数	区域科技竞争力指数	区域经济管理水平指数	区域涉外能力指数	区域竞争力综合性指数
权重	0.157	0.144	0.156	0.19	0.185	0.169	
山西省	−1.71	0.766	−0.252	−1.624	−1.56	−1.20	−0.997
安徽省	0.281	−0.45	0.072	0.744	0.676	0.750	0.384
江西省	−0.945	0.392	−0.495	−0.454	−0.16	−0.066	−0.296
河南省	0.228	−1.126	0.482	0.524	0.359	0.62	0.220
湖北省	1.731	0.752	0.085	0.671	0.169	−0.109	0.534
湖南省	0.415	−0.333	0.107	0.139	0.516	0.004	0.156

湖南省的综合指数评价结果排名第四，其中国民素质指数为负值，经济实力指数和经济管理水平指数较高，涉外能力指数、基础设施指数、科技竞争力指数均有些低，今后应在提高经济总量的条件下，加强基础设施的建设，进一步提升国民素质，构建更加开放的社会经济环境，充分利用周边经

济发达区域的辐射带动作用。

　　综合指数排名第五的是江西省，山西省最低，两省均为负值，两省各指标表现一致，仅国民素质指数一项在中部六省中为正值，其他 5 项均为负值。江西省各项指标中值较低的是经济实力指数，其次为基础设施指数、科技竞争力指数、经济管理水平指数和涉外能力指数，经济实力是基础，也是高质量发展的必要条件，因此江西省今后还需加快建设现代化产业体系，增强产业实力，提高经济实力，促成区域高质量发展良性循环的实现。山西省各项指标中值较低的也是经济实力指数，其次为科技竞争力指数、经济管理水平指数、涉外能力指数和基础设施指数，因此山西省今后的重点也是趁着资源改革试点的机会，积极借鉴国内外先进经验，完善产业结构，推动产业升级，在这一方面可以借鉴德国鲁尔区的改革。改革是需要创新的，山西省科技竞争力也比较弱，科技攻关需要有目标性和针对性，切实契合山西省的建设需要。传统的产业经济比较适合资源型城市，但是在全球化和信息化时代背景下，区域的发展不仅仅是依靠资源，更多的是需要资源的合理配置，并能适时开放，向外学习，互相借鉴和补充，因此，山西省在今后应抛弃曾经的资源优势这一传统定势思维，重新审时度势，与时俱进，构建起更具有竞争力的高质量发展产业体系。

6 乡村振兴视角下中部六省区域高质量发展潜力分析

推进乡村振兴不仅仅要提高农民生活质量，也要提高农民综合素质水平，习总书记强调新时代乡村振兴要将扶贫、扶智相结合，所以在区域高质量发展综合评价中应加入乡村振兴潜力这一指标。但已有研究中很少有这方面的研究，因此，本书将该部分剥离出来单独进行分析，继而再和区域高质量发展综合起来研究。

6.1 乡村振兴潜力评价指标体系

乡村振兴潜力可以分为不同的尺度，基于省级、地市级尺度的多为宏观评价，基于县级、乡镇和村级的多为微观评价，微观评价可参考本书作者王书转 2020 年发表的乡村振兴类型识别的论文，该论文选用了一个乡镇进行尝试分析，其研究成果可和 GIS 技术手段结合用于对中部六省的乡村振兴分析。本书则主要针对省级尺度的乡村振兴潜力进行宏观评价。

党的十九大报告指出要实施乡村振兴战略。《中华人民共和国乡村振兴促进法》第二条规定，实施乡村振兴战略，要促进乡村产业振兴、人才振兴、文化振兴、生态振兴、组织振兴。基于这 5 个方面，本书选择和建立了乡村振兴潜力评价指标体系（表 2-6-1）。

表 2-6-1 宏观尺度上乡村振兴潜力评价指标体系

一级指标	二级指标	三级指标
乡村振兴潜力	产业振兴	第一产业增加值、第一产业就业人数、农业产品生产者价格指数、耕地面积、农户固定资产投资增速、农业机械总动力、农作物播种面积
	人才振兴	乡村人口数、乡村就业人员数、农村居民平均每百户移动电话

(续)

一级指标	二级指标	三级指标
乡村振兴潜力	文化振兴	农村居民人均教育支出、计算机拥有量、每千农村人口乡镇卫生院床位数
	生态振兴	农村居民人均可支配收入、农业化肥施用量、谷物单位面积产量、人均粮食产量、耕地灌溉面积
	组织振兴	农村居民人均消费支出、粮食作物产量、农村水电建设投资额

6.2 乡村产业振兴潜力分析

从产业振兴角度来看，河南省的产业振兴潜力指数最高（1.307），振兴潜力最大（表2-6-2）。河南省是农业大省，第一产业产值占比较高，就业人数众多，产品价格稳定，耕地面积大，这是河南乡村振兴的优势，但同时也突显了河南省实施乡村产业振兴的任务之重，今后河南省应加强农业上的固定投资，提高农业劳动生产率和单位土地面积产出率，借鉴美国、法国、以色列等农业发达国家发展现代农业和商品农业的经验教训，提高农户技术素养，对其进行农业培训，争取培养更多的职业型农民，向着一个农业劳动力可以养活40~100人的目标挺进，那么河南省的农业也将成为经济发展的强项。

安徽省的乡村产业振兴潜力居中，该省耕地面积和农业机械总动力值较高，第一产业增加值、农户固定资产投资增速为负值，表明农业投入和农业生产效率有待提高。尽管安徽省的乡村产业振兴潜力指数排名第二，但和最高值1.307相比，差距还较大。

其他四省该项指标指数均为负值，江西省最低，山西省次之，这与资源和地形等有一定的关系。江西地形以江南丘陵和山地为主，耕地面积少，和平原面积广大的河南确实有一些差距。对于山西，从其产业结构就可以看出，该省对农业并不重视，这和它有丰富的矿产资源有很大关系。

产业兴旺是乡村振兴的基础和重点，中部各省要坚持农业的高质量发展以及绿色可持续发展，如发展工业一样构建系统的产业、生产、经营、流通等体系，勇于创新，提高中部各省农业的竞争力和生产力，不仅要追求农业的增产，更要追求农业的提质。

表 2-6-2　中部六省 2020 年乡村产业振兴潜力指数

指标	第一产业增加值	第一产业就业人数	农户固定资产投资增速	农业产品生产者价格指数	耕地面积	农业机械总动力	农作物播种面积	乡村产业振兴潜力指数
权重	0.161	0.152	0.082	0.11	0.173	0.157	0.159	
山西省	−1.523	−1.175	−0.140	1.182	−0.475	−1.194	−1.232	−0.771
安徽省	−0.105	0.134	−0.452	0.295	0.514	0.420	0.170	0.181
江西省	−0.702	−1.071	−1.000	−0.864	−1.152	−0.885	−0.673	−0.898
河南省	1.270	1.499	−0.691	1.114	1.674	1.557	1.730	1.307
湖北省	0.496	0.408	0.000	−1.000	0.055	−0.254	−0.054	−0.007
湖南省	0.564	0.204	−0.815	−0.727	−0.616	0.355	0.059	−0.066

　　注：农户固定资产增速原始数据均为负值，故其为负向指标，标准化是按−［（原数据−最小值）／（最大值−最小值）］来计算的。

6.3　乡村人才振兴潜力分析

　　从人才振兴角度来看，河南省的人才振兴潜力指数最高（1.385），振兴潜力最大（表 2-6-3）。这与河南省的乡村人口数和乡村就业人员数多有很大关系，该潜力的发挥还有待于今后政策的重视，恰逢习近平总书记将解决好"三农"问题作为全党工作重中之重之时，河南省应充分利用当前国家在农业上的政策支持，大力培养乡村人才，提高农业的技术含量和现代化水平，造就一大批高素质农民。唯有如此，河南省才能成为真正的农业大省、农业强省。就农村居民人均教育支出而言，河南省较低，作为农业大省、人口大省、教育大省，如何在有限的教育支出范围内提升人才素质，是其实施乡村振兴战略需要思考的重点。在信息化社会，网络资源非常丰富，河南省可以充分利用网络资源优势，通过直播、线上培训等手段使农民享受免费培训和教育。

　　安徽省、湖南省的人才振兴潜力指数居中，和河南省较高的潜力指数相比差距较大。湖南省的农村居民人均教育支出指数最高，这是优势，代表了未来乡村人才振兴的潜力。安徽省各个指标指数较为居中，特色优势不明显，但也无明显不足。

山西省乡村人才振兴指数最低，江西省第五，湖北省第四，三个省均为负值。湖北省在于农村居民人均教育支出指数较低，乡村人口数指数较高，但这个指标是把双刃剑，应结合区域的城市化水平才能较为完整的考虑，并不一定是绝对指标。江西省农村居民人均教育支出指数较高，但乡村人口数指数和乡村就业人员数指数较低。山西省各项值均为负值，这和其城市特色以及对农业的重视程度有关。

乡村振兴需要大批的乡村人才，他们要知农、懂农、会农，同时乡村人才振兴之路还很漫长。中部六省具有一定的基础优势，需要想办法在乡村人才振兴上有所作为。

表 2-6-3 中部六省 2020 年乡村人才振兴潜力指数

指标	乡村人口数	乡村就业人员数	农村居民人均教育支出	乡村人才振兴潜力指数
权重	0.414	0.412	0.174	
山西省	-1.096	-1.196	-1.577	-1.221
安徽省	0.048	0.145	0.134	0.103
江西省	-0.652	-0.762	0.343	-0.524
河南省	1.793	1.721	-0.379	1.385
湖北省	-0.323	0.027	-0.016	-0.125
湖南省	0.230	0.065	1.495	0.382

6.4 乡村文化振兴潜力分析

从文化振兴角度来看，湖北省的文化振兴潜力指数最高（1.153），振兴潜力最大（表 2-6-4）；其次是湖南省，潜力指数为 0.490；河南省位居第三。文化振兴所选择的这几个指标主要表征的是农民与时代文化的链接程度。湖北省的软件业务收入最高，在农村的投入也不低，因此表现出湖北省的农村现代化文化气息浓厚。湖南省的每千农村人口乡镇卫生院床位数指数和农村居民平均每百户移动电话指数较高，但农村计算机拥有量指数为负值，且综合评价结果也与最高值差别较大。河南省的农村居民平均每百户移动电话指数和农村计算机拥有量指数较高，但每千农村人口乡镇卫生院床位数指数为负值，这和河南省拥有人口多有很大关系。

山西省的文化振兴潜力指数最低，文化振兴潜力指数仅为－1.366，其次为安徽省和江西省。安徽省和江西省的弱势均在于计算机和农村医疗条件的不足。

移动电话和电脑是信息时代的必需品，中部各省应该抓住大数据、无人机等现代农业技术手段，让农业与时俱进。另外，中部六省应积极改善农村医疗卫生条件，改变农村"就医难"的问题。

表 2-6-4　中部六省 2020 年乡村文化振兴潜力指数

指标	农村居民平均每百户移动电话	农村计算机拥有量	每千农村人口乡镇卫生院床位数	乡村文化振兴潜力指数
权重	0.333	0.316	0.351	
山西省	－1.973	－1.043	－1.080	－1.366
安徽省	0.300	－0.592	－0.432	－0.239
江西省	0.169	－0.411	－0.057	－0.094
河南省	0.236	0.822	－0.807	0.055
湖北省	0.382	1.604	1.478	1.153
湖南省	0.887	－0.381	0.898	0.490

6.5　乡村生态振兴潜力分析

从生态振兴角度来看，河南省的生态振兴潜力指数最高（0.556），振兴潜力最大（表 2-6-5）。这与河南省的谷物单位面积产量、人均粮食产量和耕地灌溉面积有关，也即河南省拥有优越的农业生产条件。生态振兴不鼓励大量施用化肥，但河南省的农业化肥施用量较大，今后应加强测土配方、精准施肥技术的应用。

表 2-6-5　中部六省 2020 年乡村生态振兴潜力指数

指标	农村居民人均可支配收入	农业化肥施用量	谷物单位面积产量	人均粮食产量	耕地灌溉面积	乡村生态振兴潜力指数
权重	0.243	0.152	0.254	0.160	0.192	

（续）

指标	农村居民人均可支配收入	农业化肥施用量	谷物单位面积产量	人均粮食产量	耕地灌溉面积	乡村生态振兴潜力指数
山西省	−1.968	0.000	−1.851	−1.005	−1.202	−1.340
安徽省	0.483	−0.338	−0.120	1.136	0.862	0.383
江西省	0.806	−0.002	−0.137	−0.399	−0.854	−0.067
河南省	0.025	−1.000	0.811	1.383	1.432	0.556
湖北省	0.202	−0.296	0.509	−0.502	−0.155	0.024
湖南省	0.451	−0.215	0.789	−0.613	−0.083	0.163

注：农业化肥施用量为负向指标，标准化是按−〔（原数据−最小值）／（最大值−最小值）〕来计算的。

安徽省、湖南省、湖北省的乡村生态振兴潜力指数大小居中。安徽省的农业化肥施用量指数低是其弱点之一，其次谷物单位面积产量指数也低。湖南省比安徽省多耕地灌溉面积这一负指标。湖北省的农业化肥使用量指数、人均粮食产量指数以及耕地灌溉面积指数均为负值。这三个省份反映出的问题和河南省有共性地方，即化肥施用量较大，现代农业发展必须减少化肥的施用。另外，这几个省在农业的产出率和效率方面都还有待提升，农业的生产条件也有待改善和提高。

山西省和江西省的乡村生态振兴潜力指数较低，均为负值，山西省最低。江西省除了农村居民人均可支配收入指数为正值外，其他各指标指数均为负值。山西省各指标指数均为负值。改变这些现状的前提条件是要改变农业的生产思维，在合理施用化肥的基础上，提高单位面积土地的产出率和劳动生产率，由此才能既保证农业发展，同时进行生态保护。

乡村振兴，生态宜居是关键。保护好农村良好的生态和宜居的环境，积极推动农村的循环经济、生态经济发展，让农业资源、资本和资产加速进入良性循环，真正实现绿水青山就是金山银山。

6.6 乡村组织振兴潜力分析

从组织振兴角度来看，河南省的组织振兴潜力指数最高（1.140），振兴潜力最大（表2-6-6）。这与河南省的农村居民人均消费支出高、粮食作物产量高有关。从乡村振兴角度来看，河南省今后需要有意识地组织和引导农村居民的消费，如增大农户的固定资产投资、农业培训支出、教育科技支出等；在保证粮食作物产量的情况下提高土地单位面积的产出率；重视农村水电建设投资，因为农村水电建设投资额指数较低。

湖北、湖南和安徽三省组织振兴潜力指数大小居中。湖北和湖南两省的粮食作物产量这一项指标指数为负值，表明农业生产总量较低。安徽省的农村水电建设投资额这一指标为负值，该项指标今后需加强完善。

山西省和江西省的组织振兴潜力较低，均为负值，山西省最低。两个省的各项指标指数均为负值。表明两省在乡村产业组织上力度不够，投入不够，支出有限，粮食产量自然也会受到影响。

表 2-6-6　中部六省 2020 年乡村组织振兴潜力指数

指标	农村居民人均消费支出	粮食作物产量	农村水电建设投资额	乡村组织振兴潜力指数
权重	0.418	0.335	0.247	
山西省	−1.254	−1.018	−0.639	−1.023
安徽省	0.130	0.345	−0.566	0.030
江西省	−0.824	−0.629	−0.666	−0.720
河南省	1.638	1.818	−0.621	1.140
湖北省	0.146	−0.333	1.658	0.359
湖南省	0.164	−0.182	0.833	0.213

6.7　乡村振兴潜力分析

对中部六省 2020 年乡村振兴潜力评价指标进行综合分析，结果如表 2-6-7 所示，从表中可以看出：河南省的乡村振兴潜力指数最高（0.943），振兴潜力最大；其次为湖北省、湖南省和安徽省，江西省较低，山西省最低。山西省的乡村振兴潜力指数较低和其定位有关，山西是资源大省，对农业没有像河南这么重视，而江西省发展农业的条件远没有河南好。河南省是"中原粮仓"，能够保证国家粮食安全，是当之无愧的农业大省，因此，乡村振兴潜力巨大。

表 2 - 6 - 7　中部六省 2020 年乡村振兴潜力指数

指标	乡村产业振兴潜力指数	乡村人才振兴潜力指数	乡村文化振兴潜力指数	乡村生态振兴潜力指数	乡村组织振兴潜力指数	乡村振兴潜力指数
权重	0.204	0.218	0.152	0.205	0.221	
山西省	−0.771	−1.221	−1.366	−1.34	−1.023	−1.132
安徽省	0.181	0.103	−0.239	0.383	0.03	0.108
江西省	−0.898	−0.524	−0.094	−0.067	−0.72	−0.485
河南省	1.307	1.385	0.055	0.556	1.14	0.943
湖北省	−0.007	−0.125	1.153	0.024	0.359	0.231
湖南省	−0.066	0.382	0.49	0.163	0.213	0.225

6.8　乡村振兴视角下中部六省区域高质量发展潜力综合性评价

在考虑乡村振兴潜力下，区域竞争力综合性指数最高的依然是湖北省（表 2 - 6 - 8），其次是安徽省和河南省，但和没有考虑乡村振兴潜力相比（表 2 - 6 - 7），各省间的数值差别要小很多，湖北省和安徽省的指数有所降低，河南省的综合指数则有所提升。湖南省第四，综合指数也有所提升，江西省第五，为负值，且有所下降，山西省依然最低，指数也有所下降。

表 2 - 6 - 8　乡村振兴视角下中部六省 2020 年区域
高质量发展潜力综合性指数

指标	区域经济实力指数	区域国民素质指数	区域基础设施指数	区域科技竞争力指数	区域经济管理水平指数	区域涉外能力指数	乡村振兴潜力指数	区域竞争力综合性指数
权重	0.127	0.125	0.133	0.156	0.152	0.150	0.158	
山西省	−1.71	0.766	−0.252	−1.624	−1.56	−1.2	−1.132	−1.004
安徽省	0.281	−0.45	0.072	0.744	0.676	0.75	0.108	0.337
江西省	−0.945	0.392	−0.495	−0.454	−0.16	−0.066	−0.485	−0.319
河南省	0.228	−1.126	0.482	0.524	0.359	0.62	0.943	0.331
湖北省	1.731	0.752	0.085	0.671	0.169	−0.109	0.231	0.476
湖南省	0.415	−0.333	0.107	0.139	0.516	0.004	0.225	0.162

我国是农业大国，在追求高质量发展的过程中，乡村振兴是必不可缺的

发展环节。中央农村工作会议对 2022 年"三农"工作作出明确要求和工作部署：要求全面推进乡村振兴取得新进展，农业农村现代化迈出新步伐。高质量发展的本质就是为了满足人民日益增长的美好生活需要，新时代的"三农"工作，也需要准确把握高质量发展的根本要求，以创新、协调、绿色、开放、共享为新发展理念，全面推进乡村振兴。中部各省要汇聚更强大的力量，以更有力的举措，结合各省在推动乡村振兴中的优势，促进农民富裕富足、乡村宜居宜业、农业高质高效，加快农业农村现代化步伐，加快补齐农村基础设施短板，提高公共服务水平，全面提升农民生活质量，让广大农民在共建共享发展中有更多获得感、幸福感、安全感。比如河南省的 7 个指数中，国民素质指数最低，最高的是乡村振兴潜力指数 0.943，涉外能力和科技竞争力指数也不低，如果国民素质、乡村振兴、涉外能力和科技竞争力能再更好地匹配，那么河南的综合素质也会有极大的变化。

第三篇　中部六省协调发展研究

1 系统论下的区域经济

1.1 系统论简述

系统理论认为，系统是指相互作用的元素的综合体，它是由相互作用和相互依赖的若干组成部分合成的具有特定功能的有机整体。系统的首要特征就是整体性，其主要表现为：①系统和要素之间是相互依赖、相互联结的。任何系统都是由其各种要素组成的，这些组成要素是系统整体赖以存在的基础，并对系统具有一定程度的决定作用。系统的组成要素只有在整体中方能呈现它的功能和意义，离开了整体，单个的组成要素就会失去某些功能和意义，也就表现不出作为其作为部分的意义。②系统内各要素间也是相互作用的。系统的各组成要素间总是处于具有一定秩序的耦合关系和组合方式之中，并不是杂乱无章地存在着，若其中某一要素发生变化，都将对其他要素产生影响。③系统和其所处的环境是紧密联系的。任何系统都不是封闭的，它不停地与外界环境进行信息、物质、能量等的交换。④系统的整体性质和功能并不是其组成部分性质和功能的简单相加，却往往是大于其组成部分性质和功能之和，从而具有其构成要素自身所没有的性质和功能（许国志，2000），也就是我们常说的 $1+1>2$；但相反，若系统间的要素相互作用不够协调，也可能会产生 $1+1<2$ 的效果。系统论强调还原论和整体论的结合、分析与综合的结合、局部与整体的结合。因此，系统论的方法比较适合区域经济系统的研究（董宇坤，2002）。

1.2 区域经济系统

区域是一个动态的、多层次的复杂系统，因此，区域具有系统的典型特征，如区域中有很多要素都会对经济发展产生影响；这些要素之间是相互联系的，可以共同影响区域的发展，任何一个要素的变化，都会引起区域系统功能的变化；这些要素若有机组合起来，可实现单个要素所不具备的功能。随着人类社会的发展，经济活动越来越复杂，区域系统中各经济要素间的相互作用和相互联系也变得日益复杂。

区域经济是以区域内各城市经济的充分联系和交流为纽带的复杂大系统。和系统一样，它并不是各个城市经济系统的简单相加，而是城市经济系统间有机联系的结果。区域经济系统可以有不同的尺度。介于国家和城市之间的这一区域经济系统实际上是由一个或多个核心城市与若干个相关的周边城市组成的、在空间上密切联系、在功能上有机分工、相互依存并且具有一体化倾向的城市复合体（姚士谋，2001）。该尺度的区域经济系统因与人类生产生活息息相关而备受关注。

一个区域经济系统内各城市之间的经济关系是一种竞争和协同的关系。竞争体现在城市的个性和特色上，为了保持城市的个性和特色，城市之间就可能会相互排斥、相互竞争。协同体现在城市间的合作和共性上，为此城市之间相互吸引、相互合作。协同和竞争也是相互作用、相互依赖的，协同的区域经济系统是建立在竞争基础上的协同，相反，竞争的区域经济系统也离不开存在着竞争的合作。竞争是与区域经济系统的创造性相联系的；如果只有竞争，系统就会缺乏稳定性。协同则使区域经济系统保持和具有整体性、稳定性，与系统的目的性相联系；如果只有协同，系统就不可能有发展。因此区域经济系统的竞争和协同都是不可缺少的，二者共同决定着区域经济系统的演化和发展（何丽红，2003）。

1.3 系统论下的区域经济发展对策研究

区域高质量发展追求的是区域整体功能的提升（周晓平，2004），也即区域的协调。已有研究中关于区域经济协调发展对策的研究可分为两个层面：①"形而下"的层面，即区域内部各种利益群体层面；②"形而上"的层面，即区域政府层面。"形而下"层面的对策研究多关注本土化学习，"形而上"层面则多关注区域合作、区域治理和区域政策等方面。

1.3.1 本土化学习

全球化背景下，知识日新月异，无论是个人还是区域，学习能力上的差距变得日益重要（Amin、Thrift，1994）。很多学者开始提出区域的本土化学习观点，如 Braczyk（1998）、Lawson 和 Lorenz（1999）、Lorenzen（1999）等。本土化学习是指技术、创新、社会制度等经由本土化演化后与本土相联系的过程。很多学者从各个理论角度分析了本土化学习的重要性，如 Hudson（1997，1999）研究了本土化学习对区域经济增长的贡献机理；Malmberg（1999）研究了区域经济发展和本土化学习之间的关系；Simmie's（1997）研究了本土化制度对区域创新的作用。Mark（2001）提出了一些本土化学习的政策手段和建议。孟庆民（2001）指出区域必须充分发挥自身的能动性，利用区域间的复杂网络效应进行学习。

1.3.2 区域合作

Wallis（2010）指出区域高质量发展需要区域具有一定的凝聚力，而政府分立和地方治理的阻碍会影响区域凝聚力的建立。全球化背景下，区域内部应该通过合作，建立有效的激励体系，合理利用人力资源，降低区域间产品和服务的成本，并及时对稀缺资本进行投资，由此来提高区域经济发展的质量。国内也有很多学者呼吁区域间进行合作和产业分工，但效果并不明显，且已有研究大都关注的是经济发展良好地区，如蔡洋等（2002）的京津冀区域合作，王诗成等（2004）的渤海三角地区经济合作，张稷峰（2004）的泛珠三角区域合作。

1.3.3 区域治理

区域治理是指政府、非政府组织、私人部门、公民及其他利益相关者为实现最大化区域公共利益，通过谈判、协商等方式对区域公共事务进行集体行动的过程。它不仅是公有部门的行为，各重要媒体及民间组织等非政府机构也对治理具有重要的影响。Gary（1993）指出需要建立新的治理机制来加强地方政府之间的合作，营造良好的伙伴关系和合作氛围，这样有利于对区域的稀缺公共资本进行投资决策。Robert（1993）也比较看重区域的治理能力，他认为需要建立由所有部门愿意共享的价值观，所有部门具有共同愿景，且能充分利用各种资源来实现愿景的能力。Wallis（2010）提出了四种治理能力：机会识别能力、资源调动能力、应对机会制定战略的能力和行为评估能力。王登嵘（2003）提出了推进粤港地区区域管治的策略措施。杨毅等（2004）以欧盟为例，研究了区域治理与地区主义间的互动关系，展望了未来区域治理的发展趋势。

1.3.4　区域政策

与区域治理不同，区域政策的行为主体是区域政府，而政府干预多集中在基础设施、教育以及专业化分工等方面。除此之外，政府应多提供职业技能培训、维护所有社会群体的和谐、改善商务环境等，为建立经济部门作铺垫。Iain（1999）指出政府应创造良好的商务环境，保证社会凝聚力，促进区域的学习和创新；应促进小企业的发展，保证充足的商务、金融服务供应；应制定清晰的战略计划，并能有效管理和建立支持性法规环境；应多和反应迅速的私有部门合作，改变商务环境以适应信息时代的发展；应在"民间合作"方面作些努力，因为区域内存在着追求不同利益的群体协作。

2 区域经济协调理论

2.1 区域经济协调发展的提出

区域经济协调发展是 20 世纪 90 年代我国理论界提出的解决区域经济发展差异问题的新概念。但是关于区域经济协调发展的相关理论研究较少，很少有人进行过科学的界定，更多的是一种模糊的理解。区域经济协调发展追求的是密切的经济交往和关联互动，达到的是各个区域的共同、持续发展（覃成林，2011）。

2.2 促进区域经济协调发展的机制

学者覃成林（2011）提出了五种区域经济协调发展的机制（图 3‑2‑1）。

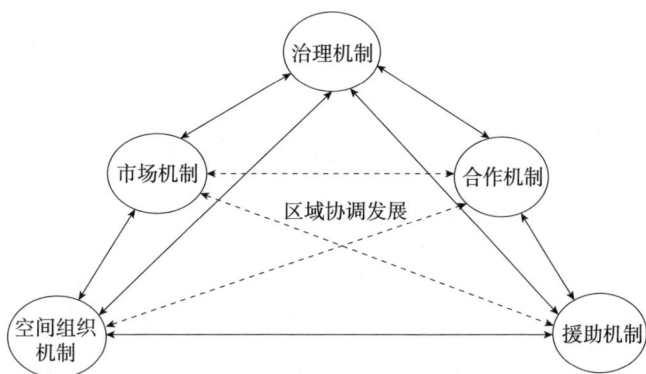

图 3‑2‑1 区域协调发展机制体系

市场机制下的区域协调发展要求区域之间的生产要素能遵循市场规律，不同区域之间的市场能相互开放，允许生产要素、资本要素等跨区域流动，产业、企业等跨区域发展、跨区域转移，由此实现市场规律下的区域分工。

市场机制还需要一定的政策干预，空间组织机制就是政策作用发挥的表现，比如中部崛起战略就是一种空间组织机制干预，它可以全局谋划区域的空间开发，战略指引各区域的功能定位、增长极布局、区域空间联系网络建设等，合理利用空间结构，提高空间开发效率。

合作机制包括行业合作和区域全面合作。行业合作具体可以分为生产合作、运输合作、商业合作、物资合作、金融合作等。上述多个行业间还可以进行综合性行业合作，由此大大推动经济一体化。区域全面合作是在有关政府的推动下各区域之间进行的多方面或全方面经济合作，如联合建立区域市场、开发资源、改善区域交通网络和通信设施条件、融通资金、建立信息网络和解决跨区域问题等。合作机制可以减少或消除不同区域间的无效竞争，形成发展合力，由此不仅能促进单个区域的经济发展，还能提高相关区域的总体发展效率。

援助机制是在国家扶持、区域互助的方式下，经济发展较好区域帮助欠发达区域摆脱"贫困恶性循环"，由此实现相关区域的协调发展。在生态文明建设时，要注意生态补偿和生态占用间的相互援助。

治理机制是政府通过改革和创新，为上述各机制创造发挥作用的条件，还可以建立专门的区域协调治理机构，引导区域协调发展。

3 中部六省区域经济协调发展中存在的问题

3.1 区域结构上的不协调

3.1.1 中部六省空间结构上的不协调

囿于社会、经济、交通等诸方面的限制，过去的区域发展较多关注区域内的发展，而忽视了交界地带的重要性。传统的空间结构研究一般较多关注省内空间规划，交界地带往往成为"几不管"地带，这些地带也多被认为成偏远、偏僻地带；另外这些地带与省级行政中心距离较远，所以在交通的建设上也容易成为被忽视、遗忘的区域，由此成了省内交通不便、落后地区。但在现代社会发展之下，中部六省要作为一体化发展区域，必须重视几个区域的交界地带城市的发展，比如大同、运城、三门峡、晋城、济源、焦作、安阳、南阳、信阳、商丘、阜阳、亳州、襄阳、十堰、宜昌、荆州、张家界、常德、岳阳、九江、安庆、芜湖、怀化、赣州等。前述研究也表明中部六省的货运量都比较大，中部六省利用大数据设计物流、物联、客运、货运上的最优路径、最短距离、最短时间等，是中部六省发展的一个比较好的着力点，当然，除此之外，还要努力思考如何充分利用中部六省的区位结构优势。

3.1.2 中部六省产业结构上的不协调

（1）产业结构划分不清晰

中部六省在对产业结构的描述中多运用支柱产业、新兴产业，有些混用主导产业，而且用得比较谨慎，尤其是在政府文件中用得不多；从统计年鉴来看，六个省份中，只有河南省在 2021 年的统计年鉴里明确了主导产业，其他省则是以传统的国有、私营、轻重工业分类来进行核算，这样的产业结构模式无法进行全方面的定量比较，并且表现出区域产业定位不明晰。

（2）产业特色不明显

中部六省在"十四五"规划中的描述大体相同：都以构建现代服务业、先进制造业、战略性新兴产业和未来产业为主要发展目标，尤其是战略性新兴产业和未来产业上相似度很高，制造业上各省基本上都具有自己的特色，但想要发挥整合优势，就需要在增强各自特色的基础上进行产业间的协调互补，尤其是在现代服务业和新兴产业上，否则就会造成产业宽而全但却不精的情况，且无法很好地完成产业间的协调。

（3）产业协调性不够

从前述三大产业的动态演变比例来看，中部六省三大产业结构逐渐地由"一、二、三"调整到"三、二、一"或"二、三、一"，第一产业均有所降低，第二产业保持稳定，第三产业比重进一步提高；但从整个中国的产业比重上来看，中部六省三大产业所占比重仍依次为"一、二、三"，仍表现出以农业为主，具有一定的工业基础，第三产业比重偏低，三大产业发展的协调性不强。在这样的现状之下，中部六省第一产业优势还有待进一步发挥。中部六省都是人口大省，农村人口比例较高，但随着农业技术的创新、推广以及农业集约化的发展，农村劳动力中非农就业比例还在不断上升，今后应注意提升农业劳动效率，充分发挥第一产业的自然优势。中部六省制造业竞争力还有待加强，尤其是在产品附加值以及品牌效应和质量口碑上，另外就是创新力和核心技术上。中部六省服务业发展也亟待加速。中部各省人口基数较大，且具有良好的教育资源，人口素质高，因此可以在第三产业上有较大作为，如何加速中部六省第三产业的发展也是今后需要研究的重要课题。

（4）产业的高技术含量有待提升

从前述研究可以看出，中部六省在高新技术产业上具有同质性和重复性。另外，从高质量发展潜力评价结果可以看出，中部六省的科技竞争力并不高，还有很大的发展空间，高新技术也没有很好地融合进传统产业的改造和提升中，比如山西省。因此，中部六省可以在高新技术发展方面好好地进行规划和合作，找出适合中部六省的高新技术产业互补点和加强点。另外，中部六省不仅劳动力资源十分丰富，而且具有良好的教育基础，劳动力素质较高，这为中部地区产业结构由劳动密集型、资本密集型向知识密集型跨越提供了条件，如何用技术打造资本密集型和知识密集型产业也是中部六省未来要思考的问题。

3.2 区域高质量发展上的不协调

从区域高质量发展潜力评价结果可以看出，中部六省各自存在不同指标上的潜力不足。就每个省而言，虽然湖北省的经济实力指数、国民素质指数、科技竞争力水平指数在各省中居于前列，但是湖北省的涉外能力指数较低。安徽省的科技竞争力指数、经济管理水平指数和涉外能力指数在各省中居于前列，但安徽省的国民素质指数尚为负值，经济实力指数和基础设施指数分值也不是很高。河南省几个指标的指数大多居于中间的位置，而国民素质指数、青壮年劳动力比重指数、人均教育支出指数均是最低。湖南省的国民素质指数较低，经济实力指数最高，经济管理水平指数也不错，涉外能力指数、基础设施指数、科技竞争力指数均有些低。江西省、山西省两省仅国民素质指数为正值，其他 5 个指标指数均为负值。由此可见中部六省在区域高质量发展上的不协调。

3.2.1 经济发展的"质和量"不协调

经济实力上湖北省综合评价指数最高，山西省最低，江西省较山西省好些，安徽、河南、湖南三省实力居中。经济实力可以体现出经济发展的"质和量"的协调。但从前述分析可以明显看出中部六省经济实力上的不协调。湖北省相对协调一些，但河南省的不协调性更明显一些，如该省 GDP 总量第一，但其他指标水平不高，表现出经济总量和增长速度以及消费能力的不协调、不同步。山西省和江西省则是在"量"上已经差距很大，更不用说"质"了。山西省、江西省的国民生产总值低于中部六省的平均值，也低于全国平均值。和全国平均 GDP 的增长速度相比，中部六省的 GDP 增速均低于全国的 GDP 增速。通过经济增长的速度和经济总量的对比，也同样发现河南省二者最为不同步，经济总量最高，但增速最低；山西和江西两省二者均表现为不高；湖北、湖南和安徽三省二者不同步的差距小一些。中部六省的固定资产投资增速较好，均超过全国平均水平，但这个数据明显和 GDP 的量以及增速不协调。消费能力上，湖北省的人均 GDP 高于全国平均水平，其他五省均低于全国平均水平。人均社会消费品零售总额上，湖北和安徽两省高于全国平均水平，其他四省则低于全国平均水平。由此可以看出，中部六省尚需持续释放内需潜力。

3.2.2 国民素质协调度不足

中部六省反映区域国民素质的评价结果显示河南省国民素质指数最低，其次为安徽省和湖南省。河南和湖南两省各指标中，除了高校在校学生数占些优势外，其他各个指标均没有任何竞争力，安徽省的各个指标均没有竞争力。山西省和湖北省实力最高，江西省实力居中，江西省的人均教育支出是中部省份中最高的，相比较，湖北省国民素质各个指标的协调度较高一些。

和全国相比，中部六省的城镇人口比重均低于全国平均水平，说明中部六省的城市化任务较为艰巨，而这又是一个系统性工程，不单单是城市人口比重增加这一个指标，要面对的是由于城市人口增加所带来的教育、医疗、土地、就业等很多方面的问题。青壮年劳动力比重上除山西省和湖北省外，其他四省青壮年人口比重均低于全国平均值，河南省最低，山西省最高。人均教育支出上除江西省较高外，其他中部五省均低于全国的平均值。由此可以看出，中部六省在国民素质上的差异较大，与全国平均水平的差异也较大，这也是中部六省高质量发展上的一个瓶颈。

3.2.3 配套基础设施建设还需加强

区域基础设施水平评价结果显示，中部六省中河南省指数水平最高，其次为湖南省、湖北省、安徽省，山西省和江西省居后，江西省最低。诸多基础设施里面，交通设施较为稳固，环保设施和信息化设施方面，尤其是信息化设施需要加强，特别是山西、江西、河南三省。

和全国相比，湖北省、安徽省和山西省的污染治理投资较多，这三省该指标均高于全国平均水平，其他各省均有所不足，湖南省最低。该项指标事关区域高质量发展中的绿色发展，每个省需要投入与其工业规模相协调的环保投资。信息化设施方面，中部六省软件收入指数低于全国平均值很多，该指标在一定程度上可以体现区域的创新能力，但从现有数据来看，中部六省差距较大。中部六省在新兴产业上都把大数据、超算、数字产业等作为区域新兴战略产业培育，但是已有数据显示还有很大差距。交通设施上，尽管和全国平均水平相比，各省有好有坏，但是我国在交通建设上的发展可以让该差距逐渐缩小。值得注意的是，中部六省货运量上均高于全国平均水平，这给中部六省产业发展提供了很好的机会，关键是如何合理规划，实现中部物流联运的现代化、信息化、大数据化、网络化、做强做大化。

3.2.4 科技投入和科技转化不协调，科技创新上还有待加强

在科技投入方面，山西省与全国的差距最大，其次是江西省，其他省份皆高于全国平均水平，河南省最高。在专利成果方面，河南省超过了全国平均水平，其他各省均低于全国平均水平，山西省最低。在科技转化方面，除湖北省远远超越全国平均水平之外，其他各省均低于全国平均水平，山西省最低，其次是江西省和河南省。由此可以看出科技投入和科技转化上的不协调在中部六省表现明显，尤其是河南省。另外山西省的科技投入过低，与其资源型城市改革试点不太协调。

从总体的科技竞争力评价来看，山西和江西两省居于最后两名，山西省的科技竞争力水平最低。安徽省的科技竞争力水平最高，该省在成果的转化方面非常值得学习，其次是湖北省，科技转化和专利成果方面均位居第一。河南省的专利成果的实践应用较差。中部六省今后应加强与国内外重点大学的科研合作，同时将科研重点转向时代所需、区域所需攻坚的方面，努力提高科研成果的转化效率。

3.2.5 就业和收入不协调，提升人民生活水平上还待加强

和全国平均水平相比，山西省和江西省的就业人员数量低于全国平均水平，山西省最低，其他各省均高于全国平均水平。山西省的工业生产者出厂价格指数最低，且低于全国平均水平，其他各省则都高于全国平均水平。

中部六省相比，安徽省的区域经济水平最高，其次是湖南省、河南省，湖北省居中，江西省和山西省为负值，山西省的最低。河南省的就业人员数最高，但是城镇非私营单位就业人员平均工资最低。山西省的青壮年劳动力

最多，因此就业人员工资水平低，但是该省就业人数也最低，表明山西省在城市转型改革中要解决的问题很多，如何实现就业和收入的协调，满足区域高质量发展下人民日益增长的物质文化和精神文化需求。

3.2.6 开放意识不够，涉外能力有限

和全国水平相比，中部六省的贸易进出口总额均低于全国平均水平，山西省最低。河南省的外商投资企业货物进出口总额高于全国平均水平，其他各省均低于全国平均水平，湖南省最低。中部各省的外商投资企业投资总额均低于全国平均水平，除安徽、湖北和湖南三省稍高一些之外，其他各省与全国的差距都比较大。上述比较可以明显看出，中部六省在吸引外资方面的能力有限；贸易和资本的流动可实现全球优势互补。然而从前述分析可以看出，中部各省的对外开放程度也并不尽如人意。贸易依存度在一定程度上可以反映区域的开放程度，中部各省的贸易依存度均低于全国平均水平，表明中部各省的经济开放程度有限，在全球化趋势下，可以合理利用贸易的优势来增强区域经济。

从涉外能力综合评价上来看，安徽省的区域涉外能力水平最高，其次是河南省，湖南省居中，湖北省和江西省较低，山西省最低。今后中部各省应加大开放力度，培育好有创新力和竞争力的产业，同时注意发展旅游业，提高国外游客的入境旅游水平。

4 中部六省区域经济协调
发展对策

从前述两篇的分析中，我们可以看出中部六省存在区域结构和高质量发展不协调的问题，同质竞争现象明显，且整合优势不突出，今后在协调发展上可采取以下几方面措施。

4.1 空间结构上的协调

4.1.1 重视交界地带城市的作用

在空间结构开发上，要充分意识到我国交通建设上的"中国制造"速度和能力，地形、边界对交通已不再是限制条件，尤其是中部六省，自然条件相对优越，所以要更加重视交界地带城市的作用，如前述的南阳、怀化、赣州、襄阳、安阳等。

中部六省不能只嫁接临近发展先进的长三角和环渤海、京津冀、珠三角等地带，也要注意东西桥梁的搭建，注意寻找与西安、重庆、济南的合作机遇，由此，交界地带的城市将起到很好的联接作用，如"中原腹地"河南，出海通道、对外开放的通道在这些交界地带城市的带动下既可以向东，经由济南，更可以向南，经由武汉、上海，还可以借道作为直辖市的重庆市寻求更大的对外开放机遇。2022年6月20日，郑万高铁南阳——重庆段通车，联通了郑州、南阳、重庆向北、向南、向西、向东的通道。

4.1.2 打造中部地区郑州和武汉的双核型空间结构模式

从空间结构分析可知郑州和武汉具有中心地位的优势，后面的竞争力综合分析也表明两个城市具有引领和带动作用，尤其是武汉。因此，中部六省崛起战略可以将郑州和武汉运用到双核型空间结构模式中。郑州不能只关注自身的枢纽位置，应加强与武汉等其他城市的合作，如构成前述提出的郑州、武汉、上海水陆、海陆联运的"三核"新模式。在前述区域高质量发展潜力评价上，湖北和河南两省有优势互补的地方，如湖北省的经济实力指数、国民素质指数、科技竞争力水平指数较高，但是涉外能力指数较低；河南省的国民素质指数、青壮年劳动力比重指数、人均教育支出指数最低，其他3项指标指数居于中间的地位，乡村振兴潜力指数最高。湖北省可以在产业带动、科学技术上给予河南一定的支持，或者河南省多跟湖北省学习；河南省则可以在涉外上给予一定的帮助，两省可以在大数据、智能产品生产、互联网等新兴产业方面加强合作，同时湖北省可以学习和借鉴河南省的农业生产经验和模式。

4.1.3　充分联接和发挥各交通、物流枢纽的作用

就中部地区而言，郑州是一个众所周知的交通枢纽，除河南省外的其他各省不仅重视交通枢纽的建设，而且非常重视物流枢纽的建设，因此，河南省不能只把目光聚焦在郑州这一个大的枢纽上。在中部六省地级市里还有南阳、襄阳（郑州、西安、重庆、长沙、南昌、合肥所在六边形的中心）、怀化（襄阳、重庆、贵阳、南宁、广州、长沙所在六边形的中心）、赣州（南昌、长沙、广州、深圳、厦门、福州所在六边形的中心）同样具有类似的区位优势，并且都已备受关注。怀化、赣州为全国性综合交通枢纽，"一带一路"重要节点城市，怀化市同时还是商贸服务型国家物流枢纽承载城市。鉴于此，中部地区应着力利用大数据和云计算等信息化手段为居民提供更为简单、便捷、最短距离的运输传递通道，让信息和数据与我们的日常生活紧密相连，努力打造一个效率高速、路径优化的智能交通和物联网络以及信息传输网络，真正实现中部地区贯通南北、沟通东西的桥梁作用，让物联和物流犹如我们的"中国速度""中国制造"般创造奇迹。中部六省需要合力将这些枢纽城市及其功能按照产业合作方案合理地进行分工和协调，尤其是利用这些节点城市联通好中部六省与东部沿海、西部内陆、京津冀、环渤海、南部边境以及国际交通和贸易大动脉可能是

中部崛起战略实施的关键一步。

4.1.4　持续不断地在国家最新战略中寻找机遇

当前我国比较重视乡村振兴战略、黄河流域的发展战略、绿色低碳转型战略，中部崛起战略可以在这些新的国家战略中挖掘联动潜力。国务院印发的《黄河流域生态保护和高质量发展规划纲要》指出，黄河流域的发展战略在于保持重要生态系统的完整性、资源配置的合理性、文化保护传承弘扬的关联性上，较为重视生态建设、文化建设和经济建设。河南和山西都是黄河流经的省份，因此，河南省和山西省可以在《黄河流域高质量发展规划纲要》指导下实现互动。山西省作为资源大省需要进行绿色化转型、智能化升级和数字化赋能，基于此，两省可以在基础设施互联互通、人工智能、工业互联网、大数据等方面加强合作；还可以在生态经济、文化产业联动以及高科技产业发展、乡村振兴示范等方面积极探索，力争能使这些产业成为黄河流域高质量发展的带动轴。

4.2　产业结构上的协调

4.2.1　走农业产业化道路，提升第一产业生产力和竞争力

从前述产业结构的分析可以看出，中部六省除山西省是资源大省，传统上不太重视农业之外，中部各省和全国相比，依然是第一产业所占比重最大，因此，中部各省在高质量发展的道路上以及区域协调发展上必须优先考虑农业的发展壮大。农业的发展壮大依靠传统的"面朝黄土背朝天"式的发展模式是无法实现的，必须要走农业产业化道路，即以市场为导向，根据自身资源条件选择农业产业化类型，并围绕农业产业类型优化配置生产要素，根据产业规模和性质不同，进行不同尺度的区域化布局、一体化经营、专业化生产、企业化管理和社会化服务。就目前乡村振兴优秀案例来看，可以因地制宜、适度发展特色农业、城郊农业、生态农业、观光农业、高效农业、创汇农业、外向型农业和品牌农业等。中部六省是我国重要的农产品生产基地，应抓住机遇把比较优势转变为竞争优势，今后力争成为优质农产品专用生产加工基地，并向规模化、多样化、优质化、高附加值化方向发展。比如

河南省是农业大省、棉花种植大省、纺织工业大省，就可以将棉花种植发展成特色农业和外向型农业，将棉花种植和纺织工业结合起来，不能只停留在初级的产品加工上，可以在服装服饰加工上寻求突破，提升棉花种植和纺织工业的附加值。安徽省的油菜籽产量历年来都是全国之最，安徽省可将油菜籽生产和油脂加工进行资源整合，大力开展农产品的深加工和精加工，提高粮食及畜产品加工转化能力，增加农业附加值，克服农民增产不增收问题；推广"公司＋农户""订单农业"等现代农业生产方式，逐步形成农产品生产、加工、销售一体化经营。

除了农业产业化之外，中部六省还需要大力提高农业生产效率，学习发达国家的先进农业生产经验，发展现代农业。尤其是河南省，乡村产业振兴潜力最大，今后应加强农业上的固定投资，提高农业劳动生产率和单位土地面积产出率，借鉴美国、法国、以色列等农业发达国家发展现代农业和商品农业的经验教训，比如在法国，一个劳动力可养活 40 人；在美国，一个劳动力可养活 128 人；在以色列，在极端干旱的情况下却孕育了世界上非常先进的农业技术等。河南省今后要提高农户技术素养，对其进行农业培训，争取培养更多的高素质农民，向着一个农业劳动力可以养活 40～100 人的目标迈进，那么河南省的农业也将成为其经济发展的强项。恰逢习近平总书记将"三农"问题作为全党工作重中之重之时，中部各省应充分利用当前国家在农业上的政策支持，大力培养乡村人才，还应该利用大数据、无人机等现代农业技术手段，提高农业的技术含量和现代化水平，从而使中部各省的乡村真正兴旺起来。

4.2.2　优化产业结构，延长产业链条

从前述产业结构分析以及演进研究发现，尽管湖北省的产业竞争力很强，制造业的目标明晰，但依然存在产业结构演进不太合理的情况，目前产业结构仍处在"二、三、一"的模式上。产业结构优化是产业演变的必然趋势。其措施包括：其一，多利用主导产业的前向、后向、旁侧关联，拉长产业链条，使其产生连锁效应或聚集效应。其二，用高新技术和先进适用技术改造提升传统产业。中部六省的制造业均为支柱产业，但大都是传统产业，如机械、轻纺、食品、建材、冶金、化工、能源等，具有一定

的同质性，针对这种情况，需要用高新技术和先进适用技术改造与提升这些传统产业，力争产业创新，延长产业链条，带动其他相关产业发展。其三，进一步优化三次产业之间的比例结构，促进产业结构向合理化和高度化演变，发挥产业结构的关联效应和扩散效应。对于制造业，要充分利用已有的资源优势以及资源组合优势，实现制造业生产的规模经济和范围经济。对于第三产业，要大力发展现代物流业、旅游业。有效利用中部地区独特的区位优势，抓好物流基础设施和物流结点建设，整合重组物流资源，培育大型商贸企业和物流集团，建设全国性、区域性物流中心，发挥中部大城市的区位优势；依靠丰富的旅游资源和深厚的文化积淀，大力发展文化旅游、产业旅游、生态旅游和红色旅游，创新服务方式，提高服务水平，发展社区服务业和社会服务业，改善消费环境，培育消费热点，满足消费者的多方需求。

4.2.3　利用产业特色进行协同性竞争

中部六省可继续发挥每个省份的特色进行协同性竞争。如山西省的资源型产业的改革示范，可为其他区域的资源可持续利用、绿色发展提供有益借鉴，还有山西省的蓝色经济也有借鉴价值。湖北省的电子信息产业，目标明确，思路清晰，实力雄厚，其他各省可以结合本省的省情进行本土化学习。湖南省城市群的西部辐射，可为中部六省架通东西开辟通道。河南省的交通、物流枢纽地位还可以继续做大做强，将中部六省连成交通网、物流网、信息网。在中医药产业上，河南省的张仲景国医大学非常有名，但是河南省没有将中医药产业纳入培育产业里，导致中医药产业的影响力不够大，而江西省这方面做得非常体系化，两省甚至更多的有中医基础的省份可以联合起来，相互学习产业的设置，将中国的中医文化发扬广大。河南的创意产业发展较好，值得其他各省学习，今后应加强文化和旅游上的研发设计，以吸引更多的外资，让河南享誉全世界。另外，在产业的创新上中部六省可以学习德国的鲁尔区，其在资源衰竭且环境政策限制下开创了新的发展通道。这一点上河南焦作的做法也值得学习，焦作拥有煤炭资源，其利用这一资源优势开发了与煤炭有关的主题公园。

4.3 中部六省区域高质量发展上的协调

2004 年 3 月 5 日，温家宝总理提出了中部崛起战略，希冀通过实施该战略，使中部六省成为拉动国家经济增长的第四增长极。但随着社会和经济的发展，信息、大数据、全球化、区域经济一体化、区域合作和分工成为影响区域发展的新的时代背景，重庆设立直辖市、黄河流域制定生态保护和高质量发展规划亦为中部地区发展带来了契机，在新的时代背景下，经过十几年建设的中部地区发生了很大变化，比如在产业转型上除湖北省外，其他各省均是"三、二、一"的结构。今后中部地区如何既立足中部同时又辐射周边，在多种战略的叠加下如何抢抓发展机遇，搭建起南北方、东西部发展的桥梁是值得思考的问题。2016 年国务院批复的《促进中部地区崛起"十三五"规划》指出要将中部地区建设成为"全国重要先进制造业中心、全国新型城镇化重点区、全国现代农业发展核心区、全国生态文明建设示范区、全方位开放重要支撑区"。党的十九大又提出了高质量发展的时代课题；2019 年，习近平总书记在南昌主持召开了推动中部地区崛起工作座谈会；2021 年，中共中央政治局会议审议通过了《关于新时代推动中部地区高质量发展的指导意见》。这些举措表明中部地区一直备受国家的关注，国家制定政策来推进中部地区的高质量发展。

4.3.1 要追求经济发展的"质和量"上的协调

针对前述分析，每个省都有自己的优劣势，因此要因地制宜，制定合理的发展规划和目标。比如湖北省，可以继续保持当前的经济实力和国民素质水平，发挥科技竞争力优势，适当地进行开放性发展，提升本省的涉外能力，如开发国际旅游业，通过资本和贸易的流动来实现优势互补和产业提升。安徽省要继续发挥科技竞争力、经济管理水平和涉外能力方面的优势，加大教育投入，提升国民素质水平，同时加强产业的关联建设以及基础设施的配套建设，提升安徽省的经济实力，实现量到质的突变。河南省人口众多，但城镇人口比重较低，人口外流较多，导致青壮年劳动力比重也较低，应适度增加教育支出，提高劳动力素质，留住人才，吸引投资，积极面对老龄化，提升青少年总体素质，增加青壮年就业机会。湖南省具有较强的经济实力以及经济管理能力，今后应在提高经济总量的条件下，加强基础设施的建设，提高劳动力素质，构建更加开放的社会经济环境，充分利用周边经济发达区域的辐射带动作用。相比较，江西省、山西省的经济实力较弱一些，因此两省今后都需进一步扩大产业体系，增强产业实力，提高经济实力，促成区域高质量发展良性循环的实现。山西省的产业特色明显，但与现今的产业政策不太符合，今后必须转变产业发展理念，积极借鉴国内外先进经验，完善产业结构，进行产业升级，构建起更具有竞争力的高质量发展产业体系。

4.3.2　加强城市建设，吸引和留住人才，提升国民素质

加快中部六省城市的建设，提高城市化进程。前述分析表明中部六省城市化水平较低，而城市是区域的经济中心，它可以吸纳大量的劳动力，是拓展生产力的重要载体，因此必须以工业为基础，科学规划中部六省城市化发展，明确中心城市的定位，增强中心城市的集聚能力和辐射能力。湖北应加快武汉城市群一体化进程，在产业结构优化、绿色发展、创新发展等领域实现突破，建设武汉宜居生态城市圈、全国"两型社会"建设的典型示范区。河南省应加快中原城市群建设，加强分工合作，整合区域资源，推进区域内城市空间和功能对接，率先在统筹城乡、统筹区域协调发展的体制机制创新方面实现新突破。湖南应加快长株潭城市群的建设，探索绿色发展的新机制、城市群发展的新模式，合理布局城市空间，共建共享基础设施。安徽应加快皖江城市带的建设，推动沿江城市跨江合作和联动发展，加强沿江地区交通基础设施建设，优化整合岸线资源，促进形成对接长三角、连通中西部的快速便捷的立体交通网络。江西应加快环鄱阳湖城市群的建设，建设环鄱阳湖高效便捷的综合运输通道，实现与国家综合运输大通道和周边省交通主通道相连通。创建生态工业园区，加快发展资源节约环境友好的特色生态产业，保护好"一湖清水"，努力把鄱阳湖地区建设成为全国大湖流域综合开发示范区、长江中下游水生态安全保障区和国际生态经济合作重要平台。山西应加快太原城市圈的建设，建立城市间协商协作机制，强化城市间的经济联系和功能分工，将太原城市圈建设成为全国重要的清洁能源生产与技术创

新基地。通过上述富有特色的城市以及城市群建设，才能更好得留住人才、吸引人才，建立教育上的良性循环，从而提升中部六省国民素质。

4.3.3 加强基础设施建设

交通和通信基础设施建设是一个地区发展的基础，是增强经济实力、促进长远发展的根本举措，是支撑一个地区经济又好又快发展的需要，也是保障和改善民生的需要。中部六省要进一步加快水电、交通、移动通信等方面的基础设施建设，给中部地区经济快速、健康的发展打下坚实的基础。为此，要继续加快综合交通运输体系建设、加快高速公路路网建设和农村公路建设、加强水利工程建设、加快电力输送通道建设并推进信息网络建设。大力推进经济社会领域的信息技术普及应用，提升信息技术的普遍服务能力，建设更完善可靠的网络体系。积极对接信息时代信息技术的发展，善于学习，争取能把大数据、超算、数字产业做出中部地区的特色。要积极把握中部六省的货运优势，合理规划，实现中部物流联运的现代化、信息化、大数据化、网络化、做强做大化。

4.3.4 推进制度和技术的创新，加强成果转化

制度创新和技术创新在区域经济发展过程中扮演着重要的角色。中部各省必须大力推行制度创新和技术创新。首先，制度创新是区域高质量发展的有力保障，是政策、思维意识、格局上的创新，制度创新能够为推进创业富民提供制度保障。比如产业上的制度创新，打破对原有制度环境的路径依赖，积极提高区域的产业化层次、工业化水平等。市场上的制度创新，如推进市场经济体制创新、产业结构调整机制创新、企业经营机制创新、行政管理体制创新和人力资源配置机制创新等。除此之外，还要创新政府体制，转变政府智能，改革政府的管理制度和管理方式。其次，还要大力推进技术创新，加强知识产权保护。当今世界是个信息技术社会，科学技术变化日新月异，技术创新对经济发展的支撑作用更显重要。因此，政府、科研单位、企业要着力增强技术创新能力，转变经济发展方式，增强核心竞争力。大型企业尤其是国有企业要敢于攻克硬关，争当技术创新的排头兵，不但要努力创造更好的效益，更要承担技术创新的历史重任。要注意对自主知识产权和技

术创新产权的保护。最后，还要重视创新成果的转化，中部六省今后应加强与国内外重点大学的科研合作，同时将科研重点转向时代所需、区域所需攻坚的方面，努力提高科研成果的转化效率。

4.3.5 积极促进就业，提升人民生活水平

中部六省为振兴经济、促进就业，应想尽办法营造一个良好的就业环境，扩大就业渠道，完善社会保障体系。首先，积极借鉴国外发达国家的办法和经验，如免费提供就业培训、就业服务和就业信息，创办公益性工作岗位来安置特困群体，对照顾失业者的企业给予经济补贴或者减免该企业的社会保险税费，实行非全日制就业和弹性就业制度，提供"一站式"和"个性化"的就业服务等。其次，健全社会保障体系是保障民生的基本手段。中部各省要想吸引和挽留人才，除了经济实力和产业实力外，还需要有较好的社会保障体系。为此，要建立覆盖城乡居民的医疗保障体系，全力解决人民"就医难"的问题，让广大人民群众享有安全、快捷、物美价廉的医疗卫生服务。最后，加大财政对社会保障的投入，加快完善社会保障制度的法律法规，进一步完善落实城镇职工养老、失业和生育等保险制度，积极做好对进城务工的农民工和社会临时就业人员参加社会保险的工作，努力扩大社会保障的覆盖面，唯有如此，才能满足人民群众日益增长的生活需要，为区域实现高质量发展奠定和谐稳定的基础。

4.3.6 增强开放意识，提升涉外能力

从前述分析可以看出，即便是被称为我国十大工业大省的湖南省、湖北省、河南省，其涉外能力都有所不足，因此，中部各省必须增强开放意识，善于在全球的经济活动中寻找合作机会。世界经济发展的历史证明外向型经济对经济增长的推动作用要远远强于内向型经济。我国近些年的发展就是证明，改革开放、加入世贸组织以及积极参与全球化竞争，使我国综合国力明显增强，人民生活水平大幅改善，国际地位显著提高。中部各省想要实现经济实力的跨越发展，就必须把自身的优势和外部的力量结合起来，把增强对外开放竞争力摆在更重要的位置，促使外向型经济更加迅猛的发展。结合区域产业优势，进一步加大招商引资的力度，全方面地扩大开放程度，吸引外

资。加强与发达地区、发达国家的经济联合和合作，利用中部各省的劳动力成本和资源成本较低的优势，积极主动地去接受发达地区、发达国家的辐射，并能从本土化学习中提升自身实力，从而提升中部地区的区域经济竞争力。加快转变经济发展方式，不断增强全球资源配置能力，同时改善对外开放硬环境、切实提升服务能力。

参 考 文 献

白谨豪，刘儒，刘启农，2020. 基于空间均衡视角的区域高质量发展内涵界定与状态评价：以陕西省为例 ［J］. 人文地理，35（3）：123-130.

蔡洋，胡宝民，霍胜泽，2002. 新经济条件下的京津冀区域合作研究 ［J］. 工业技术经济（4）：7-9.

国家体改委经济体制改革研究院，中国人民大学，综合开发研究院（中国·深圳）. 中国国际竞争力发展报告（1996）［M］. 北京：中国人民出版社，1997.

陈昆亭，周炎，2020. 绿色、健康、可持续：高质量发展的必由之路 ［J］. 山东财经大学学报，32（1）：5-15，25.

丁力，杨茹，2003. 经济增长加速度与地区竞争力 ［J］. 广东社会科学（3）：13-21.

董宇坤，2002. 系统化：中国区域经济发展趋势 ［D］. 保定：河北大学.

樊新生，李小建，2004. 中东部地区区域经济竞争力定量比较研究 ［J］. 河南大学学报（社会科学版）（2）：95-100.

盖文启，2002. 创新网络：区域经济发展新思维 ［M］. 北京：北京大学出版社.

甘健胜，2002. 区域竞争力评估的多目标层次分析模型 ［J］. 福建经济管理干部学院学报（1）：26-29.

高佃恭，安成谋，1998. 区域经济系统初探 ［J］. 地域研究与开发，7：1-9.

高洪深，2002. 区域经济学 ［M］. 北京：中国人民大学出版社.

郝寿义，2004. 区域经济学 ［M］. 北京：经济科学出版社.

郝寿义，倪鹏飞，1998. 中国城市竞争力研究：以若干城市为例 ［J］. 经济科学（3）：50-56.

何丽红，景方，杜德生，2003. 复杂适应系统中合作与竞争关系的涌现 ［J］. 哈尔滨理工大学学报，8（4）：75-78.

贺晓宇，沈坤荣，2018. 现代化经济体系、全要素生产率与高质量发展 ［J］. 上海经济研究（6）：10.

黄宏亮，2003. 区域经济综合竞争力理论研究与实证分析 ［D］. 南京：南京农业大学.

黄娟，卿定文，周碧芳，2020. 中部六省 FDI 影响因素适应性 Lasso 模型探析 ［J］. 财务与金融（5）：14-21.

金碚，2018. 关于"高质量发展"的经济学研究［J］. 中国工业经济（4）：5-18.

李小建，李国平，曾刚，等，2018. 经济地理学［M］. 北京：高等教育出版社.

连玉明，2003. 中国城市蓝皮书［M］. 北京：中国时代经济出版社.

廖祖君，王理，2019. 城市蔓延与区域经济高质量发展：基于 DMSP/OLS 夜间灯光数据的研究［J］. 财经科学（6）：14.

刘洁，张新乐，陈海波，2022. 长三角地区人口集聚对经济高质量发展的影响［J］. 华东经济管理，36（2）：12-20.

刘亚雪，田成诗，程立燕，2020. 世界经济高质量发展水平的测度及比较［J］. 经济学家（5）：9-78.

刘再兴，1996. 区域经济理论与方法［M］. 北京：中国物价出版社.

陆玉麟，1998. 区域发展中的空间结构研究［M］. 南京：南京师范大学出版社.

陆玉麟，2002. 区域双核结构模式的形成机理［J］. 地理学报，57（1）：85-95.

陆玉麟，董平，2004. 中国主要产业轴线的空间定位与发展态势：兼论点-轴系统理论与双核结构模式的空间耦合［J］. 地理研究，23（4）：521-529.

毛艳，2020. 中国城市群经济高质量发展评价［J］. 统计与决策，36（3）：87-91.

苗玉宁，杨冬英，2020. 基于综合评价方法的中部地区科技资源配置效率分析［J］. 中国软科学（3）：134-149.

倪鹏飞，2001. 中国城市竞争力理论研究与实证分析［M］. 北京：中国经济出版社.

倪鹏飞，2003. 中国城市竞争力报告［M］. 北京：社会科学文献出版社.

宁越敏，唐礼智，2001. 城市竞争力的概念和指标体系［J］. 现代城市研究（3）：19-22.

齐天锋，2020. 中部区域旅游经济发展水平的测度与比较研究［J］. 中州大学学报（4）：31-37.

乔雅君，2010. 产业结构与就业结构的关系-河南省与中部其他省份的比较研究［J］. 商业经济（7）：5-7.

任保平，2018. 新时代中国经济从高速增长转向高质量发展［J］. 学术月刊，47（3）：66-74，86.

石忆邵，张洪武，2002. 长江三角洲城市综合竞争力与区域优势分析［J］. 城市规划汇刊（1）：17- 21.

苏晓红，2002. 抓住西部开发机遇，提升河南区域竞争力［J］. 河南社会科学（2）：64-66.

随洪光，2013. 外资引入、贸易扩张与中国经济增长质量提升：基于省级动态面板模型的经验分析［J］. 财贸经济（9）：85-94.

孙斌，徐渭，薛建春，等，2022. 黄河流域城市群城镇化与生态保护耦合协调研究[J]. 人民黄河，44（6）：16-21.

覃成林，2011. 区域协调发展机制体系研究 [J]. 经济学家（4）：63-70.

王秉安，等，2000. 区域竞争力理论与实践 [M]. 北京：航空工业出版社．

王登嵘，2003. 粤港地区区域合作发展分析及区域管治推进策略 [J]. 现代城市研究（2）：60-64.

王磊，李成丽，2018. 我国中部地区城市群多中心结构的增长效应 [J]. 长江流域资源与环境（10）：2231-2240.

王诗成，郑贵斌，2004. 渤海三角经济圈的经济聚合与区域合作 [J]. 山东经济战略研究，4：25-26.

王书转，马雪莲，2021. 乡村振兴类型识别及振兴策略研究 [J]. 安徽农学通报，27（12）：1-3，80.

王一鸣，2020. 百年大变局、高质量发展与构建新发展格局 [J]. 管理世界，36（12）：1-13.

王永昌，尹江燕，2019. 论经济高质量发展的基本内涵及趋向 [J]. 浙江学刊（1）：91-95.

王与君，2000. 中国经济国际竞争力 [M]. 南昌：江西人民出版社：40-41.

王中亚，2020. 区域比较视域下河南制造业高质量发展面临的问题及对策 [J]. 黄河科技学院学报（10）：45-50.

王中亚，2020. 我国中部地区对外开放竞争力比较分析 [J]. 河南科技大学学报（社会科学版）（5）：61-66.

吴志军，梁晴，2020. 中国经济高质量发展的测度、比较与战略路径 [J]. 当代财经（4）：17-26.

徐福祥，徐浩，刘艳芬，等，2022. 黄河流域九省（区）生态保护和高质量发展治理水平测度与评价 [J]. 人民黄河，44（6）：11-15.

徐伟，林世梅，2020. 我国中部地区城市群经济关联的空间结构探析 [J]. 科技促进发展（3-4）：277-283.

许国志，2000. 系统科学 [M]. 上海：上海科技教育出版社：20-23.

杨传明，姚楠，宋青，等，2022. 长三角城市群高质量发展水平测度及时空差异分析 [J]. 华东经济管理，36（6）：30-38.

杨毅，李向阳，2004. 区域治理：地区主义视角下的治理模式 [J]. 云南行政学院学报（2）：50-53.

姚士谋，朱英明，陈振光，2001. 中国城市群［M］. 合肥：中国科学技术大学出版社．

伊玉龙，1998. 全国各省市区竞争力谁执牛耳［N］. 经济日报，1998-04-02（8）．

于涛方，2004. 城市竞争与竞争力［M］. 南京：东南大学出版社．

余泳泽，杨晓章，张少辉，2019. 中国经济由高速增长向高质量发展的时空转换特征研究［J］. 数量经济技术经济研究，36（6）：19.

张稷峰，齐峰，2004. 泛珠三角区域合作机制初探［J］. Forward Position in Economics（5）：11-15.

张金昌，2002. 国际竞争力评价的理论与方法［M］. 北京：经济科学出版社．

张军扩，侯永志，刘培林，等，2019. 高质量发展的目标要求和战略路径［J］. 管理世界，35（7）：1-7.

张为付，吴进红，2002. 对长三角、珠三角、京津地区综合竞争力的比较研究［J］. 浙江社会科学（6）：24-28，82.

赵剑波，史丹，邓洲，2019. 高质量发展的内涵研究［J］. 经济与管理研究，40（11）：15-31.

中国人民大学竞争力与评价研究中心研究组，2001. 中国国际竞争力研究发展报告（2001）：21 世纪发展主题研究［M］. 北京：中国人民出版社．

周晓平，2004. 长江三角洲整体竞争力研究［D］. 南京：河海大学．

朱俊成，杨益明，黄继发，2010. 中部地区省域中心城市竞争力差异与协调发展研究［J］. 地域研究与开发（3）：52-57.

朱铁臻，2001. 经济全球化与提高城市竞争力［J］. 现代经济探讨（4）：3.

曾菊新，1996. 空间经济：系统与结构［M］. 武汉：武汉出版社．

AMIN A，THRIFT N，1994. Globalization，institutions，and regional development in Europe［M］. London：Oxford University Press.

ANDREW W，2006. Social capital and economic development in regional Australia：A case study［J］. Journal of Rural Studies，22（1）：83-94.

BRACZYK H J，1998. Regional innovation systems［M］. London：UCL Press.

CANTWELL J，IAMMARINO S，2000. Multinational Corporations and the Location of Technological Innovation in the UK Regions［J］. Regional Studies，34（4）：317-332.

DENNIS A R，GYULA VASTAG，1997. Analyzing the international competitiveness of metropolitan areas：The MICAM model［J］. Economic Development Quarterly，11（4）：347-366.

FAN Q，GOETZ S J，LIANG J，2016. The Interactive Effects of Human Capital and

Quality of Life on Economic Growth [J]. Applied Economics, 48 (53): 18-20.

GARY R S, 1993. It's time to restart the global engines [N]. The Seattle Times.

GUERRERO D C, SERÓ M A, 1997. Spatial Distribution of Patents in Spain: Determining Factors and Consequences on Regional Developments [J]. Regional Studies, 31 (4): 381-390.

HUDSON R, 1997. Developing regional strategies for economic success: Lessons from Europe's economically successful regions? [J]. European Urban and Regional Studies, 4 (4): 365-373.

HUDSON R, 1999. The learning economy, the learning firms, and the learning region: A sympathetic critique of the limits to learning [J]. European Urban and Regional Studies, 6 (1): 59-72.

IAIN B, 1999. Cities and Competitiveness [J]. Urban Studies, 36 (5-6): 795-809.

IAIN D, 2004. Transport and regional economic competitiveness in the global economy [J]. Journal of Transport Geography, 12 (4): 341-342.

LAWSON C, LORENZ E H, 1999. Collective learning, tacit knowledge, and regional innovative capacity [J]. Regional Studies, 33 (4): 305-318.

LEO V D B, ERIK B, 1999. Urban Competitiveness, marketing and the need for organizing capacity [J]. Urban Studies, 36 (5-6): 987-999.

MALMBERG A, MASKELL P, 1999. Localised learning and industrial competitiveness [J]. Cambridge Journal of Economics, 23 (2): 167-186.

MARK L, 2001. Localized Learning and Policy: Academic Advice on Enhancing Regional Competitiveness through Learning [J]. European Planning Studies, 9 (2): 163-185.

MARKUSEN A, 1996. Sticky places in slippery space: a typology of industrial districts [J]. Economic Geography: 293-313.

MEETA M K, 2020. Implications of Quality of Schooling on Economic Growth and Convergence a System Dynamics Perspective [J]. Global Economic Review, 49 (1): 97-126.

MOERS L, 2002. Institutions, Economic Performance and Transition [M]. Tinbergen Institute Research Series : 269.

O'MALLEY E, VAN E C, 2000. Industry Clusters and Irish Indigenous Manufacturing: Limitations of the Porter View [J]. The Economic and Social Review, 31 (1): 55-79.

PAGANO M, 1993. Financial Markets and Growth: An Overview [J]. European

Economic Review，37：613-622.

PETER K K，BALWANT S，1999. Competitiveness and urban economy：Twenty-four large US metropolitan areas [J]. Urban studies，36 (5-6)：1017-1027.

POPKOVA E G，2010. New Quality of Economic Growth Concept [J]. International Journal of Economic Policy Studies，5 (1)：75-88.

PORTER M E，1990. The competitive advantage of nations [M]. New York：Free Press.

PUTNAM R D，1995. Bowling alone：America's declining social capital [J]. Journal of Democracy，6 (1)：65-78.

QI J，2016. Fiscal Expenditure Incentives，Spatial Correlation and Quality of Economic Growth [J]. International Journal of Business and Management，11 (7)：191-201.

ROBERT D，1993. Putnam，Making Democracy Work：Civic Traditions in Modern Italy，Princeton [M]. New Jersey：Princeton University Press.

RONALD L M，2003. A Study on the Factors of Regional Competitiveness，A draft final report for The European Commission Directorate-General Regional Policy [EM/OL]. http：//www. ecorys. com/competitiveness/news/factors. html.

SAATY T L，1996. Decision Making with Dependence and Feedback：The Analytic Network Process [M]. Pittsburgh：RWS Publications.

SIMMIE J，1997. Innovation，networks，and learning regions？ [M]. London：Jessica Kingsley Publishers.

SJOERD B，SCHAIK T V，2005. Social capital and growth in European regions：an empirical test [J]. European Journal of Political Economy，21 (2)：301-324.

WALLIS A D，2010. Regions in action：Crafting regional governance under the challenge of global competitiveness [J]. National Civic Review，85 (2)：15-24.

WORLD ECONOMIC FORUM，2005. The Global Competitiveness Report 2004—2005 [R]. Oxford：Oxford University Press.

图书在版编目（CIP）数据

中部六省的综合性比较及协调发展研究 / 王书转，吴海平著 . —北京 ：中国农业出版社，2023.9
　　ISBN 978-7-109-31132-9

　　Ⅰ.①中⋯　Ⅱ.①王⋯ ②吴⋯　Ⅲ.①区域经济发展—研究—中国　Ⅳ.①F127

中国国家版本馆 CIP 数据核字（2023）第 176091 号

中国农业出版社出版
地址：北京市朝阳区麦子店街 18 号楼
邮编：100125
责任编辑：张　丽
版式设计：杨　婧　责任校对：吴丽婷
印刷：三河市国英印务有限公司
版次：2023 年 9 月第 1 版
印次：2023 年 9 月河北第 1 次印刷
发行：新华书店北京发行所
开本：700mm×1000mm　1/16
印张：9.5
字数：150 千字
定价：48.00 元